Valérie Saint-Dizier de Almeida

Étude de l'activité en situation de travail

Valérie Saint-Dizier de Almeida

Étude de l'activité en situation de travail

Apport de l'analyse interlocutoire des communications interpersonnelles

Presses Académiques Francophones

Impressum / Mentions légales
Bibliografische Information der Deutschen Nationalbibliothek: Die Deutsche Nationalbibliothek verzeichnet diese Publikation in der Deutschen Nationalbibliografie; detaillierte bibliografische Daten sind im Internet über http://dnb.d-nb.de abrufbar.
Alle in diesem Buch genannten Marken und Produktnamen unterliegen warenzeichen-, marken- oder patentrechtlichem Schutz bzw. sind Warenzeichen oder eingetragene Warenzeichen der jeweiligen Inhaber. Die Wiedergabe von Marken, Produktnamen, Gebrauchsnamen, Handelsnamen, Warenbezeichnungen u.s.w. in diesem Werk berechtigt auch ohne besondere Kennzeichnung nicht zu der Annahme, dass solche Namen im Sinne der Warenzeichen- und Markenschutzgesetzgebung als frei zu betrachten wären und daher von jedermann benutzt werden dürften.

Information bibliographique publiée par la Deutsche Nationalbibliothek: La Deutsche Nationalbibliothek inscrit cette publication à la Deutsche Nationalbibliografie; des données bibliographiques détaillées sont disponibles sur internet à l'adresse http://dnb.d-nb.de.
Toutes marques et noms de produits mentionnés dans ce livre demeurent sous la protection des marques, des marques déposées et des brevets, et sont des marques ou des marques déposées de leurs détenteurs respectifs. L'utilisation des marques, noms de produits, noms communs, noms commerciaux, descriptions de produits, etc, même sans qu'ils soient mentionnés de façon particulière dans ce livre ne signifie en aucune façon que ces noms peuvent être utilisés sans restriction à l'égard de la législation pour la protection des marques et des marques déposées et pourraient donc être utilisés par quiconque.

Coverbild / Photo de couverture: www.ingimage.com

Verlag / Editeur:
Presses Académiques Francophones
ist ein Imprint der / est une marque déposée de
OmniScriptum GmbH & Co. KG
Heinrich-Böcking-Str. 6-8, 66121 Saarbrücken, Deutschland / Allemagne
Email: info@presses-academiques.com

Herstellung: siehe letzte Seite /
Impression: voir la dernière page
ISBN: 978-3-8416-3449-8

Zugl. / Agréé par: Reims, Université de Reims Champagne-Ardenne, 2015.

Copyright / Droit d'auteur © 2015 OmniScriptum GmbH & Co. KG
Alle Rechte vorbehalten. / Tous droits réservés. Saarbrücken 2015

Sommaire

I- Introduction

Je me situe en psychologie du travail et plus particulièrement dans le champ de la psychologie ergonomique francophone. Ainsi, je privilégie, pour comprendre l'Homme au travail, l'étude de l'activité produite en situation (Visser & Falzon, 1988). Dans le cadre de ma carrière, je me suis plus particulièrement intéressée aux activités professionnelles qui prenaient forme dans les interactions interpersonnelles. Les comportements langagiers sont alors vus comme la partie manifeste de l'activité et un moyen, pour le chercheur, d'instruire l'activité.

A l'instar de psychologues ergonomes comme Grosjean et Lacoste, je pose que l'analyse des productions langagières permet d'identifier « les formes, les objectifs, les enjeux, les contextes de la communication, au plan des activités cognitives, des rapports sociaux, des modalités concrètes d'organisation» (Grosjean & Lacoste, 1999, p.205) et de saisir « les manières de penser, d'agir, de parler qui s'incarnent dans les paroles » (Grosjean, & Lacoste, 1999, p. 207).

Ma singularité dans ce champ tient en trois points : 1) je privilégie l'étude des interactions langagières pour instruire l'activité ; ce qui peut me conduire à créer des situations d'interactions langagières où l'activité qui m'occupe puisse s'accomplir, 2) je procède à des analyses interlocutoires qui consistent à considérer la dimension pragmatique et dialogique des échanges parlés ; cette forme d'analyse permet de restituer la dimension processuelle des communications, 3) je recours à des catégories de description pour instruire certains pans de l'activité ; les emprunts de catégories à la psychologie, à la linguistique interactionniste, à la philosophie du langage,... permettent de rendre intelligible l'activité dans ses dimensions opératoire, relationnelle, cognitive et communicationnelle.

Précisons que l'analyse interlocutoire n'est pas la seule méthode d'analyse des productions langagières que j'utilise, comme pourrait le laisser entendre cet introductif. Je procède également à des analyses de contenu, à des analyses lexicales et des analyses davantage linguistiques. Mes investigations ne se réduisent pas non plus à l'étude des comportements langagiers produits en situation de travail ; j'ai également recours à la méthode des entretiens, à l'auto-confrontation, à l'étude des traces, etc... Les choix tant méthodologiques que conceptuels dépendent évidemment des objectifs de recherche et des contraintes propres à chaque étude. Dans cet ouvrage, mon projet est de mettre le focus sur l'analyse interlocutoire et de montrer son intérêt dans le champ de la psychologie ergonomique. Je précise aussi que lorsque j'utilise le terme d'« analyse interlocutoire », je ne fais pas référence systématiquement à l'analyse associée à la logique interlocutoire développée par Trognon (Trognon & Brassac, 1992 ; Ghiglione & Trognon, 1993) ; mais de manière plus générale à une forme d'analyse qui prend en compte la dimension interactionnelle des échanges parlés.

Au gré de mes investigations, j'ai été conduite à développer un cadre théorico-méthodologique qui précise des théories, modèles et méthodes pouvant être employés pour l'étude des activités qui prennent forme dans des interactions langagières. Ce cadre qui ne cesse d'évoluer au gré des études, constitue une base de connaissances utile pour les étudiants/chercheurs qui s'intéressent aux communications interpersonnelles ou aux activités professionnelles qui prennent forme dans des échanges interpersonnels. Il se doit de rester suffisamment générique puisque les dispositifs de recueil et les options conceptuelles et méthodologiques sont spécifiques à chaque étude et relèvent d'une construction produite au cas par cas, relativement à l'objectif d'investigation, aux moyens et données mis à disposition et au temps imparti. Ce cadre s'inscrit dans un paradigme de l'activité et des communications, résolument systémique, pragmatique et dialogique. Il précise ma conception des activités prenant forme dans les interactions langagières, les cadres théoriques et les méthodologies que je privilégie. Il fera l'objet du premier chapitre.

Les quatre chapitres suivants rapportent chacun une étude montrant l'utilisation du cadre dans différentes perspectives de recherche.

La première étude vise la modélisation d'une activité locale (l'assistance) en vue de la faire simuler par un système informatique. Elle montre comment l'analyse interlocutoire de séquences produites en situation tutorielle obtenue par la technique du magicien d'oz, a permis de formaliser le travail diagnostic permettant d'identifier un besoin d'aide spécifique ainsi que l'expression discursive et actionnelle de l'assistance.

Dans la deuxième étude, il s'agit de montrer l'intérêt de créer une situation de communication autour de l'utilisation d'un logiciel lorsqu'il s'agit d'identifier des incompatibilités cognitives entre le fonctionnement d'un artefact et la façon dont un utilisateur se représente en situation son fonctionnement - une problématique classique en ergonomie des logiciels (Brangier, 1991). L'analyse interlocutoire des productions émises dans un tel contexte permet d'identifier des incompréhensions, des erreurs et l'origine de ces déboires. Les résultats constituent une ressource intéressante pour la conception de manuel utilisateur ou pour la correction de logiciels.

4

La troisième étude montre dans le champ de l'ergonomie des formations à des activités du secteur tertiaire (Cerf & Falzon, 2005) que l'analyse de l'activité sous des angles non encore investis permet d'aboutir à des formations singulières. En l'occurrence, elle a permis d'instruire le niveau relationnel - un niveau négligé dans les formations à la conduite de l'entretien d'annonce de diagnostics médicaux graves - et de mettre à jour de nouvelles compétences communicationnelles.

La quatrième étude s'inscrit en amont d'un processus de conception d'une formation : former les enseignants à l'animation de discussions à visée philosophique. L'étude vise à instruire cette activité professionnelle qui est considérée comme innovante dans le champ de l'enseignement scolaire. Dans ce cadre, l'étude montre comment l'analyse des interactions langagières permet d'éclairer la pratique enseignante dans ce type de contexte péri-didactique. L'investigation des niveaux architectural, opératoire et communicationnel a permis l'identification de pratiques révélant différents styles d'animation.

II- Un cadre théorique et méthodologique

Ce cadre présente les notions d'activité et de communication interpersonnelle. Il précise le paradigme dans lesquels je les envisage. Il propose également des théories et des méthodologies permettant d'instruire différentes dimensions de l'activité.

II-1. Cadre théorique

II-1.1. La notion d'activité

II-1.1.1. Les composants et la dynamique de l'activité

L'activité dont il est question ici a pour particularité d'être produite par au moins deux participants et de se matérialiser à travers des interactions langagières. Elle est vue comme une construction conjointe qui se distribue sur les participants : chaque individu participe à l'accomplissement de l'activité, de manière progressive au gré de ses productions langagières. La situation dans laquelle se déploie l'activité est dynamique, dans le sens où chaque « opérateur ne peut déterminer que partiellement ou plus indirectement l'évolution des choses » (Hoc, 1996, p.7).

L'activité comporte une part manifeste qui renvoie aux actions orales, gestuelles, aux mimiques, aux écrits[1]... produits au cours de l'interaction et une part non visible qui renvoie aux traitements cognitifs propres à chaque partenaire sous-tendant la production des actions manifestes. Traitement cognitif est pris ici dans son acception la plus large ; c'est un traitement qui exploite des cognitions incluant des émotions, des états mentaux, des connaissances, des représentations.

Avant l'interaction, l'acteur possède des cognitions qu'il va pouvoir mobiliser au cours de l'activité. Aussi, il dispose d'informations sur le contexte institutionnel, l'enjeu, la tâche, sur l'autre partenaire, sur ce que l'on attend de lui et de l'autre.... A partir de ces éléments, l'acteur va se construire une représentation de la tâche à résoudre et une représentation du contrat de communication qui pourrait fonctionner dans ce type de situation. La représentation de la tâche peut être plus ou moins aboutie ou plus ou moins contextualisée. On peut distinguer deux formes de représentation. La première, dite « tâche prescrite représentée » renvoie à la façon dont l'acteur comprend la tâche qui lui est soumise ; ce qu'il imagine être ce que l'on attend de lui (Leplat, 1997). La seconde est plus aboutie, elle est dite « tâche redéfinie », elle résulte d'un compromis entre les exigences de la tâche et les

---

[1] Les écrits sont souvent assimilés en psychologie ergonomique à des traces de l'activité. On dissocie leur analyse que l'on décrit d'un point de vue méthodologique en termes d' « étude des traces », de l'analyse des comportements que l'on décrit en termes d' « observation ».

compétences, désirs de l'opérateur ; ce qu'il pense faire en situation pour satisfaire la prescription tout en préservant sa santé physique et mentale et le bien vivre dans son organisation (Dejours, 1995).

Le contrat de communication que va invoquer l'opérateur va lui donner des indications sur les rôles qui vont pouvoir se mettre en place au cours de l'activité ; plus précisément, le contrat renseigne sur « ce qui peut être dit ou fait dans une situation donnée, de connaître les objets que l'on peut "mettre en communication" ainsi que la manière de le faire. » (Vion, 1992, p. 74).

Ces éléments représentationnels vont permettre à l'opérateur de s'engager dans le processus interactionnel, car « outre qu'elle constitue une modalité de connaissance, la représentation est également un guide pour l'action » (Abric, 1996, p. 16). Au gré de l'interaction où vont se révéler des compétences, des états mentaux, où des rôles vont s'accomplir, le contrat de communication et l'enjeu de l'interaction tels que chacun se les représentait en début de l'interaction vont se modifier ou se stabiliser (Linton, 1977).

Dans la dynamique de l'activité, deux types de ressources peuvent être distinguées : les ressources statiques et les ressources dynamiques. Les ressources statiques renvoient aux connaissances que l'individu possède avant l'interaction : des connaissances conceptuelles, des connaissances procédurales conscientisées, des automatismes (Rasmussen, 1983). Les ressources dynamiques comportent notamment les actions, les transformations du monde, l'état de la tâche (l'avancée du processus de résolution au gré des actions réalisées), l'espace intersubjectif (les cognitions qui se sont partagées dans l'espace de l'interlocution), le contrat de communication effectif (la relation qui s'instaure au gré des rôles joués).

II-1.1.2. Le cas de l'activité simulée

L'activité qui intéresse le chercheur n'existe pas toujours dans la nature ou s'avère difficilement accessible ; il faut donc créer des situations en contrôlant des facteurs susceptibles de faire émerger l'activité qui intéresse le chercheur. C'est donc par le contrôle de facteurs internes (caractéristiques des acteurs) et de facteurs externes (environnement physique et social *via* la formulation de la tâche, du lieu, du matériel mis à disposition…) que l'on peut susciter l'accomplissement d'une forme d'activité. Toutefois, ce contrôle ne garantit pas l'émergence de l'activité recherchée pour au moins deux raisons. La relation entre d'une part les facteurs internes/externes et d'autre part l'activité, n'est pas unidirectionnelle et causale ; facteurs et activité se co-déterminent *via* le processus interactionnel (Theureau & Jeffroy, 1994 ; Leplat, 1997).

Aussi certains composants/facteurs contrôlés vont être l'objet de représentations (Abric, 1996). Ces représentations peuvent diverger de celles que le chercheur souhaitait susciter *via* le contrôle expérimental et aboutir à l'accomplissement d'activités pouvant ne pas correspondre à l'attendu. En effet, ces représentations dépendent de l'univers de connaissances, de l'expérience, de la situation interactionnelle dans laquelle chaque partenaire croit se trouver (Schubauer-Léoni, Bell, Perret-Clermont, & Grossen, 1989). Il y a donc toujours une distorsion aussi minime soit-elle entre la situation d'interaction que le chercheur souhaite susciter et la situation dans laquelle l'acteur pense se trouver en raison du processus représentationnel – on entend par représentation, « le produit et le processus d'une activité mentale par laquelle un individu ou un groupe reconstitue le réel auquel il est confronté et lui attribue une signification spécifique. Elle tient compte à la fois de la réalité de l'objet et de la subjectivité de celui qui la véhicule. (…) Elle restructure la réalité pour permettre une intégration à la fois des caractéristiques de l'objet, des expériences antérieures du sujet et de son système d'attitudes et de normes (...) » (Abric, 1996, p.16).

Prenons en guise d'illustration, un dialogue que j'ai étudié avec Trognon et Brixhe (Brixhe, Saint-Dizier, & Trognon, 1994, Brixhe, Saint-Dizier, & Trognon, 2000) dans le cadre de l'atelier de recherche « Modélisations d'explications sur un corpus de dialogue »[2]. L'interaction est extraite d'un corpus comportant au total six dialogues obtenus par la technique du magicien d'Oz. Chaque dialogue est produit par un interne qui interagit en langue naturelle écrite avec un système expert (SE) en diagnostic médical néonatal. Le SE est simulé par un médecin expert en pédiatrie. L'enjeu en Intelligence Artificielle à cette époque est de concevoir des SE qui ne se limitent plus à la production de diagnostics, mais qui – puisqu'ils sont voués à être utilisés par des médecins – puissent donner des explications sur leur choix en matière de diagnostics. La situation expérimentale est la suivante : l'interne doit avant l'interaction avoir étudié plusieurs cas cliniques réels qui lui ont été soumis. Dans un second temps, il doit confronter ses diagnostics à ceux du SE.

L'interaction que nous avons analysée débute par une intervention du SE par laquelle il soumet la proposition suivante : « MMH, pneumopathie, infection ». La résolution canonique revient à ne retenir que « MMH » et donc à rejeter « infection » et « pneumopathie » car une infection n'est pas une pathologie et le cas clinique invalide l'hypothèse d'une pneumopathie.

---

[2] Cet atelier a été organisé par le groupe GENE du PRC-GDR Intelligence artificielle. Le projet était de faire travailler différentes disciplines autour de la notion « d'explication » à partir de l'étude d'un même corpus.

L'étude de cette interaction nous a surpris. Alors que nous nous attendions à un échange coopératif explicatif, nous avions sous les yeux une interaction dont les jeux de langage qui s'y déployaient étaient davantage ceux que l'on trouve classiquement dans les débats (Trognon & Larrue, 1994) où les protagonistes sont en compétition et chacun d'eux essaie de défendre sa thèse en invalidant les propositions de l'autre. En effet, on observe que chaque proposition produite par l'interne pour tenter d'invalider une partie de la proposition diagnostique initiale (ce qu'il fallait faire pour aboutir au « bon » diagnostic), donne lieu à un contre-argument du SE par lequel il invalide la proposition de l'interne. Certes les propositions émises par l'interne n'étaient pas celles qu'il fallait produire pour invalider les composants « erronés » de la proposition diagnostique initiale, mais le fait que les propositions de l'interne aient été systématiquement non satisfaites, invalidées, a conduit l'interne à se façonner une représentation de l'état final de la tâche (soit accepter la totalité de la proposition, soit la rejeter dans la globalité) et une représentation du contrat de communication (où le SE défend sa thèse), non-conformes à ce qui était intentionné par les chercheurs. Cela a eu pour conséquence une mauvaise performance de la dyade puisque le « bon » diagnostic n'a pas été posé. En l'occurrence, l'interaction se clôt par une intervention de l'interne par laquelle il retient la proposition intégrale soumise en amont par le SE. Si l'on s'intéresse aux rôles joués au cours de l'interaction, on observe que c'est le SE qui initie l'interaction en soumettant sa proposition diagnostique ; à la suite il ne produira plus d'interventions initiatives mais réagira aux propositions, suggestions émises par l'interne. Quant à l'interne, il met en discussion *via* des propositions initiatives, les composants du diagnostic posé par le SE et en soumet d'autres. Ces rôles complémentaires auraient pu donner lieu à une interaction coopérative explicative au terme de laquelle le bon diagnostic aurait pu être posé. Si dans cette interaction, la bonne solution diagnostique n'a pas été trouvée, c'est parce que les propositions avancées par l'interne n'étaient pas pertinentes et ne pouvaient susciter que des explications prenant la forme de contre-arguments. Cette succession de non satisfactions des propositions émises par l'interne a conduit ce dernier au sentiment que le but du SE était que sa proposition initiale soit maintenue dans son intégralité et que donc le rôle du SE était d'invalider les propositions qui allaient à l'encontre de sa thèse.

L'analyse interlocutoire a permis de montrer comment au gré de l'interaction, l'interne en vient à envisager que l'état final de la tâche ne peut prendre que deux formes : soit (MMH et pneumopathie et infection), ce qui revient à accepter la solution diagnostique proposée initialement par le SE, soit ¬ (MMH et pneumopathie et infection), ce qui revient à rejeter dans sa globalité la proposition initiale. Une représentation qui ne peut conduire qu'à un échec puisque, au vu de la résolution canonique, la solution est un composant de la proposition diagnostique posée initialement par le SE - en l'occurrence retenir uniquement MMH. Pour une réussite à la tâche, il aurait fallu que l'interne envisage les trois composants de la proposition diagnostique comme étant articulés par des « ou » et non par des « et ». Cette représentation erronée a été induite par les rôles qui se sont déployés dans le cours de l'interaction et plus exactement par la fonction contre-argumentative d'invalidation que l'interne a affecté aux explications produites par le SE.

On voit ainsi, à travers cette illustration, que les consignes communiquées par les chercheurs, ne sont pas les seuls éléments qui vont participer au façonnement d'une représentation de la tâche à résoudre et du contrat de communication. Ce qui se produit dans le ici et maintenant, ce que Suchman (1987) appelle « les circonstances matérielles et sociales », concourt au façonnement représentationnel ; les représentations produites à un moment donné peuvent alors se stabiliser ou se modifier au cours du processus interactionnel.

II-1.1.3. Les circonstances matérielles et sociales

Au cours d'une interaction, l'action produite va donc dépendre du traitement dans le « ici et maintenant » des circonstances sociales et matérielles. A ce niveau, il convient alors de mieux cerner la façon dont je me suis appropriée cette notion de « circonstances matérielles et sociales » utilisée notamment par Suchman (1987), car mon acception a une incidence sur le processus de transcription.

Par exemple l'étude de conversations produites par des dyades d'enfants paritaires en situation de résolution de problèmes arithmétiques (Trognon, Saint-Dizier de Almeida, & Grossen, 1999) m'a conduite à inclure dans la transcription les productions écrites que les enfants avaient produites au cours des résolutions. En effet, l'analyse a révélé que les écrits sur brouillon avaient une fonction similaire aux productions langagières. Dans le processus communicationnel, comme les productions langagières, ils constituent une déduction des productions antérieures et des prémisses pour la suite (Trognon, Saint-Dizier de Almeida, & Grossen, 1999). Aussi, leur considération permet à l'analyste de sanctionner la compréhension de ce qui a été produit antérieurement.

Aussi des événements qui se produisent dans le monde peuvent également être exploités dans le processus interactionnel et doivent donc être considérés au même titre que les productions langagières.

C'est ce que nous avons observé lors de l'étude d'une séquence au cours de laquelle un malentendu prend forme puis se dissout (Trognon & Saint-Dizier, 1999). Cette séquence est extraite d'un dialogue tutoriel issu d'un corpus produit par le GEDIC[3] (Groupe d'Etudes 'Dialogues et coopérations'). Le dialogue en question a été produit dans la situation expérimentale suivante : un utilisateur novice en matière d'utilisation de traitement de texte doit réaliser une série de modifications (centrer le titre, mettre en italique des phrases, supprimer des mots…) à partir d'un texte source ; ce texte source apparaît à l'écran de l'ordinateur mis à sa disposition. Pour résoudre cette tâche, il est guidé par un expert qui se trouve dans la même pièce que lui mais à distance. L'expert dispose également d'un ordinateur où figure le texte source mais il ne peut visualiser l'écran du novice.

La séquence analysée renvoie au début d'une session expérimentale. Elle se déroule sur 21 tours de parole et a pour objet l'effacement du mot SOCIETE qui se trouve dans le texte initial à la fin de la première ligne. Dès le départ, le novice éprouve des difficultés à réaliser cette action, difficultés qu'il communique par un « ça ne marche pas », ce qui conduit l'expert *via* plusieurs interventions, à lui expliquer qu'il faut utiliser le curseur, que le curseur se positionne grâce à la souris et que dans le cas présent, il faut que le curseur soit placé « devant le E de SOCIETE ». La formulation employée par l'expert va conduire le novice à une demande : « devant le E de SOCIETE ? », que l'expert va confirmer par « Oui à la fin du mot quoi » qui va être suivi par un « ah oui d'accord » de la part du novice. A ce moment du discours le malentendu a pris forme à l'insu des interactants ; il est porté par le terme « devant ». Nous montrons que pour le novice : « devant » signifie « à gauche », pour l'expert : « devant » signifie « à droite ». Ainsi, pour le novice il s'agit de placer le curseur à gauche du dernier E de SOCIETE, alors qu'il devrait le placer à droite du dernier E. Cette erreur d'affectation sémantique va avoir pour conséquence un résultat de l'action logicielle non attendu : SOCIETE n'est pas complètement effacé, il reste un E. Le novice va alors exprimer sa surprise en décrivant l'état de choses obtenu : « il reste un « E » ! » L'expert lui demande alors de se « remettre devant le E » pour aboutir à l'état souhaité. S'ensuit un premier « tilt », suivi d'un « ah ouais d'accord ». Cet expressif laisse entendre que le novice a compris pourquoi cela ne marchait pas. Or suite à cette expression de type *Eureka* vont se produire trois « tilt », ce qui va conduire l'expert à intervenir à nouveau en employant une formule qui cette fois ne sera pas ambigüe, en l'occurrence « mets-toi à droite du E » - formule grâce à laquelle le malentendu se dissout.

Nous observons dans cette séquence, que plusieurs expressifs de la forme « ah oui d'accord » font suite aux interventions de l'expert. Par ces productions, le novice

---

[3] Le GEDIC comprenait des chercheurs du CNESER et des enseignants-chercheurs universitaires issus de différentes disciplines (linguistique, IA, psychologie). Il était animé par P. Falzon. Il a été subventionné par le CNRS dans le cadre du programme cognisciences. Dans ce cadre, un corpus a été constitué et a fait l'objet d'analyses.

manifeste qu'il comprend les consignes ou requêtes d'action qui lui sont proférées. Quant aux « tilt », ils viennent sanctionner que le novice n'a pas compris les consignes contrairement à ce que ces propos laissent entendre. S'il a le sentiment de comprendre, ce qu'il comprend n'est pas ce qu'il devrait comprendre ; si c'était le cas, il n'y aurait pas de « tilt », ni d'état de choses où il reste un « E ».

Ce sont ces « tilt » et la description d'un état de choses non attendu : « il reste un E », qui conduisent l'expert à déduire que le novice n'a pas appliqué correctement la consigne et donc qu'il n'a pas dû comprendre la consigne correctement, contrairement à ce que pouvaient laisser entendre ses dires. L'étude de cette séquence révèle d'ailleurs que dans ce contexte d'interaction, il est plus judicieux si l'on veut s'enquérir de la compréhension du novice, de se référer à ces évènements plutôt qu'au sentiment de compréhension exprimé discursivement par le novice.

On voit donc que l'état du monde (le E restant) et les évènements que sont les « tilt » interviennent dans le processus interactionnel. L'expert traite ces évènements comme des signes, dans le sens où il leur affecte une signification, en l'occurrence ces évènements lui signifient que le novice n'a pas exécuté correctement les consignes communiquées. L'identification de ces signes conduit l'expert à produire des actes communicationnels spécifiques (il réitère ou reformule la consigne).

Ce type d'évènements intègre donc les circonstances sociales. Ces évènements doivent être transcrits et analysés car, d'une part, ils sont une conséquence d'actions réalisées et d'autre part, ils sont exploités dans le processus communicationnel.

Si la dynamique des activités est contrainte par différents éléments, elle est également contrainte par le moyen par lequel elles se réalisent. La communication possède des règles de fonctionnement qui lui sont propres (Falzon, 1994). Certaines sont l'objet d'étude des linguistes et sont liées aux caractéristiques de la langue naturelle (lexique, syntaxe, sémantique, pragmatique pour le traitement des déictiques) ; d'autres relèvent de l'usage du langage en conversation. Parmi ces dernières, le principe d'alternance des tours de parole qui a été particulièrement étudié en Analyse Conversationnelle notamment par Sacks, Schegloff et Jefferson (1974), Ducan et Fiske (1977), Levinson (1983), est essentiel. Ce principe se répercute sur l'activité qui doit se réaliser *via* des actions produites tour à tour par les participants. C'est grâce à cette alternance que l'on accède à la dimension processuelle de l'interaction et à l'activité cognitive des participants.

II-1.2. Les communications interpersonnelles

II-1.2.1. Une conception actionnelle

A l'instar d'Austin (1962) et des tenants de la théorie des actes de langage, ma conception des communications s'inscrit dans un cadre actionnel. Ainsi, les productions verbales ne sont pas assimilées à des phrases mais à des actes de langage littéralement produits. Les actes comportent une dimension représentationnelle portée par le contenu propositionnel de l'acte et une dimension actionnelle qui renvoie à la force illocutoire (Searle & Vanderveken, 1985 ; Vanderveken, 1988 ; Vanderveken, 1990). La force renvoie à ce que l'acte réalise ; par exemple une demande d'information, un ordre, une assertion...

L'acte du point de vue de celui qui le produit, peut être perçu comme un moyen − moyen de réaliser un rôle, moyen d'obtenir une réaction de l'autre, moyen pour s'opposer à l'autre, pour décliner son invitation, pour communiquer une information, pour faire part de ses états mentaux, de ses états émotionnels, etc. Du point de vue de l'allocutaire (celui qui écoute et qui traite), l'acte peut être conçu comme un événement à traiter auquel il va falloir réagir.

II-1.2.2. Une conception gestaltiste

La communication, ou conversation dans son acception la plus large, ne peut se réduire à la sommation d'actes produits en alternance. La communication possède une organisation, une architecture qui se façonne et se révèle au gré des productions langagières.

Plus précisément, la communication est organisée en différentes strates conversationnelles (Kostulski & Trognon, 1998). L'unité minimale de cette organisation est l'échange qui associe des actes de langage ou des interventions qui entretiennent des relations illocutoires et interactives (Roulet et al., 1985). La combinaison de ces échanges forme des structures qui peuvent remplir différentes fonctions comme porter une négociation, une prise de décision, l'organisation d'une tâche, l'argumentation d'une thèse, etc. Ces structures intermédiaires sont organisées dans des macrostructures conventionnalisées que sont les transactions. « Une transaction est une situation d'interlocution comme la négociation commerciale, les psychothérapies (…) » (Kostulski & Trognon, 1998, p. 60).

Ainsi la communication possède une macrostructure qui dépend de la transaction dans laquelle elle prend place. Elle comporte des phases et des séquences articulées linéairement ou hiérarchiquement à d'autres (Roulet et al., 1985 ; Moeschler, 1989).

II-1.2.3. Une conception interactionniste et dialogique

Ma conception de la communication m'inscrit dans un cadre dialogique (Jacques, 1979, 1985 ; Brassac, 2001). Cela signifie que, ce qui est produit à un moment donné, est un objet, un événement qui ne prendra sens que dans l'après-coup conversationnel. Ainsi, il faut bien distinguer l'événement ou l'action langagière produit(e) à un moment donné qui peut être verbale ou non et l'acte ratifié qui renvoie au sens qui s'est co-construit dans l'espace de l'interlocution. Dans une perspective dialogique, le sens d'une production est l'objet d'une construction conjointe des interlocuteurs qui va s'élaborer dans l'entre-deux conversationnel grâce au processus d'alternance des tours de parole. Le modèle de l'enchaînement conversationnel développé par Trognon et Brassac (1992) par lequel ils expliquent le processus d'intercompréhension, permet de rendre compte de la façon dont s'opère cette co-construction du sens. Théoriquement, le processus procède en trois temps :

• T1 est le premier tour de parole où le locuteur L1 produit un énoncé E1 ;

• T2 est le deuxième tour de parole où un autre locuteur, produit un énoncé E2 par lequel il communique son interprétation en acte de l'énoncé E1 ;

• T3 est le troisième tour de parole par lequel le locuteur initial L1, rectifie ou non l'interprétation en actes que L2 a fait de son énoncé E1 initial.

Dans le cas d'un malentendu, on observe que ces temps notamment T2 et T3 peuvent réapparaître tant que la dissolution du malentendu ne s'est pas opérée (Trognon & Saint-Dizier, 1999).

Ce modèle de l'enchaînement conversationnel est au cœur du processus d'analyse. Il invite l'analyste à une lecture rétrospective et prospective du corpus et donc à appréhender ce qui opère au niveau séquentiel.

II-2. Cadre méthodologique

II-2.1. Le recueil et la validité des données

Lorsque l'activité qui intéresse le chercheur n'est pas accessible ou n'existe pas dans la nature, il peut opter pour la simulation de situation (Béguin & Weill-Fassina, 1997). A l'instar de Dubey (1997), la simulation est envisagée comme une production réaliste. Une production qui émerge et existe par et au moyen de l'investissement des acteurs qui y ont pris part. « Tout se passe comme si les (protagonistes) transportaient dans la simulation et presque à leur insu une part des enjeux du réel. Il semble que ce soit les humains qui apportent à la simulation la dimension temporelle et sociale qui lui manque pour être réaliste. Autrement dit, les acteurs ne s'investissent pas seulement parce que (la situation à simuler) est réaliste, mais (la situation à simuler) est réaliste parce que les acteurs l'investissent de leur propre expérience. » (Dubey, 1997, p. 49).

L'intérêt de la simulation de situation est de pouvoir contrôler certains facteurs. Par ce contrôle (choix des participants relativement à leurs caractéristiques, consigne, tâche...), le chercheur suscite un cadre situationnel susceptible de faire émerger l'activité qui l'intéresse. Une fois l'interaction produite, le chercheur doit se préoccuper de la validité des données qu'il a recueillies. Il doit vérifier que l'activité accomplie correspond à l'activité qu'il souhaitait obtenir. En effet, à travers l'exemple exposé précédemment (l'étude d'un diagnostic médical), on voit que le cours de l'interaction peut susciter le façonnement de représentations non attendues pouvant avoir une incidence sur l'activité : sur la forme que va prendre la résolution, sur la performance de la dyade, sur la relation qui va se construire. Ainsi, le contrôle de différents facteurs (choix des participants, définition de tâches, formulation de consignes…) ne permet pas toujours d'aboutir à l'activité que l'on souhaitait susciter. Dès lors, les interactions obtenues *via* la mise en place de dispositifs expérimentaux nécessitent un travail d'évaluation de leur validité. Cela suppose d'identifier à partir d'une étude de la littérature, certaines des caractéristiques de l'activité que l'on souhaite faire produire et de vérifier leur présence dans le corpus. Par exemple lorsque l'on cherche à simuler une interaction homme-machine en utilisant la technique du Magicien d'Oz, on peut opérer cette validation en identifiant dans le corpus transcrit des caractéristiques des DHM que l'on trouve développées dans la littérature – par exemple dans les travaux de Bilange, 1992 ; Pierrel, 1987 ; Spérandio & Letang-Figeac, 1986, etc. On peut également avoir recours à des entretiens post-expériences par lesquels on cherchera à identifier la façon dont les sujets ont perçu leur interlocuteur (une machine *versus* un humain) et à s'assurer qu'ils n'ont pas perçu le subterfuge.

Pour illustration, nous renvoyons à Saint-Dizier de Almeida (2009) qui restitue l'analyse développée pour tester la validité du corpus GOCAD censé simuler une interaction tutorielle homme-machine a-didactique et à Saint-Dizier de Almeida (2013a) pour la validité du corpus Infos-patients, un corpus d'annonce de diagnostics médicaux délicats obtenu par la méthode des jeux de rôle.

La question de la validité se pose aussi pour les activités produites en situation réelle. Il s'agit alors de se questionner sur la représentativité de l'activité étudiée afin d'évaluer dans quelles mesures, les résultats obtenus peuvent être généralisés (Hoc, 2001).

II-2.2. La transcription des données

Outre les actions strictement discursives qui ont une fonction ostensive, on transcrit également le para-verbal (tonalité, prosodie) et les actions ostensives non verbales car « les gestes, les mimiques, la position corporelle, le silence lui-même sont des actes de communication : ils véhiculent en effet une signification. » (Abric, 1996, p.9).

Sont transcrites également les transformations que les actions non verbales génèrent sur le monde. Ces transformations permettent par exemple de sanctionner qu'un acte a été satisfait ; elles peuvent aussi constituer des ressources dans le processus interactionnel à venir (Trognon & Saint-Dizier, 1999). En effet, comme l'avait noté Falzon (1994), les participants traitent, exploitent à la fois des informations échangées de façon intentionnelle mais aussi des informations non ostensives produites en situation (Falzon, 1994).

On considère également certains événements produits dans le monde qui ne sont pas le fait des interlocuteurs mais qui ont une incidence sur le processus interactionnel. Leur identification repose donc sur une analyse prospective, car il est évidemment impossible de pouvoir anticiper à un moment donné quels seront les éléments situationnels qui auront une incidence sur les interlocuteurs. Par exemple, si nous nous intéressons à une interaction langagière qui se produit dans une gare entre client et un conseiller SNCF ; tous les mouvements de foule qui prennent forme autour des interlocuteurs ne seront pas considérés à l'exception de ceux qui ont une incidence sur l'activité (le client se retourne car il vient d'être bousculé).

Ainsi, sont transcrites les actions des interlocuteurs (les actes verbaux, leur tonalité, des gestes, mais aussi les silences, les productions écrites, les manipulations d'objets, bref toute sorte d'éléments accessibles aux partenaires, perceptibles par eux) et les événements qui se produisent dans le monde et qui ont une incidence sur le processus communicationnel.

On voit ainsi que le processus de transcription - puisqu'il ne prétend pas tout restituer (seules les productions verbales sont systématiquement transcrites) - résulte d'un va et vient entre la lecture de la vidéo et un début d'analyse de ce qui se produit dans l'entre-deux conversationnel - les séquences difficilement compréhensibles doivent notamment conduire à reprendre la vidéo pour tenter de trouver l'élément qui pourrait « donner sens » à la séquence.

La transcription ainsi opérée constitue alors une matière première riche qui sera soumise à analyse.

II-2.3. L'analyse des données pour instruire l'activité

En amont de l'analyse, il convient de se baigner dans l'espace interactionnel (en reprenant la terminologie de Lacoste, 1983). Cette pratique est préconisée notamment en ethnométhodologie. Elle consiste à essayer de s'imaginer être à la place des protagonistes dans la situation de l'activité. Comme le préconisait Lacoste (1983) et comme l'ont montré Whalen, Zimmerman et Wahlen (1992), se baigner dans l'espace interactionnel est essentiel pour comprendre ce qui se produit et éviter dans une certaine mesure des erreurs d'interprétation. Dans cette optique, on opère une étude de la situation d'interaction. Il s'agit de s'enquérir notamment du cadre institutionnel, du statut des partenaires, de la consigne qui leur a été communiquée, de la tâche qu'ils ont à résoudre, de regarder la vidéo de l'activité si elle est disponible ou alors de s'imaginer l'interaction à la l'écoute de la bande audio. Cette première approche permet d'avoir un aperçu de l'activité dans sa globalité.

Si la tâche s'y prête (tâche à état final fini), le chercheur peut produire *a priori* un modèle de la tâche canonique. Ultérieurement, la mise en adéquation du modèle de la tâche canonique et du modèle de la tâche effective (la façon dont la tâche a été résolue) lui permettra plus facilement de mettre en lumière des singularités et d'orienter l'analyse vers les phénomènes qui sous-tendent ces singularités.

Par exemple, pour l'étude des activités de résolution de problèmes arithmétiques par des dyades d'enfants paritaires (Trognon, Saint-Dizier de Almeida, & Grossen, 1999), la mise en adéquation du modèle de la tâche canonique et du modèle de la tâche effective a permis de mettre en avant le caractère situé des raisonnements opérés par les enfants. Une fois la phase d'appropriation des données du problème, les enfants ne s'inscrivent pas dans une phase visant l'élaboration collective d'un plan de résolution qui serait à la suite appliqué aux données du problème. Non. La résolution s'opère progressivement au gré d'une succession de phases au cours desquelles des propositions de calcul sont soumises. Chaque calcul proposé est généralement évalué sous l'angle de sa difficulté. Si la difficulté est jugée acceptable, les enfants engagent le calcul ; si elle est jugée trop importante, ils abandonnent le calcul pour en proposer un autre *via* l'initiation d'une nouvelle phase. On observe que la résolution résulte de raisonnements locaux et situés (Trognon, Saint-Dizier de Almeida, & Grossen, 1999).

L'analyse en tant que telle, dépend de l'objectif du chercheur et de la singularité de l'activité à étudier. L'activité peut être abordée sous des différents angles : architectural, opératoire, relationnel, cognitif, communicationnel.

Si en amont de l'investigation de ces différents pans de l'activité, j'ai pour ma part souvent procédé à une analyse fondée sur la logique interlocutoire (Ghiglione & Trognon, 1992), je me suis rendue compte qu'elle n'était pas indispensable. Une sensibilisation au processus d'intercompréhension *via* le modèle de l'enchaînement conversationnel (Trognon & Brassac, 1992) est souvent suffisante pour pouvoir procéder à des analyses pragmatiques et dialogiques de qualité. Je vais toutefois la présenter dans ses grandes lignes car la logique interlocutoire fournit un matériau permettant par exemple de formaliser des patterns (Agnoletti, Saint-Dizier de Almeida, & Defferrard, 2002 ; Saint-Dizier de Almeida, 1996; Saint-Dizier de Almeida, 1997 ; Saint-Dizier de Almeida, 2003 ; Saint-Dizier de Almeida & Agnoletti, 2010) ou des raisonnements (traitements inférentiels) (Saint-Dizier, 1995; Saint-Dizier de Almeida & Agnoletti, 2007 ; Trognon & Saint-Dizier, 1997 ; Trognon & Saint-Dizier de Almeida (1999). Ces points seront davantage illustrés et développés lors de la présentation de certaines études.

II-2.3.1. La dimension communicationnelle

Pour l'étude de ce qui s'opère au niveau communicationnel, on peut avoir recours au formalisme de la logique interlocutoire. Je présente à la suite sa version initiale qui date de 1992. La logique interlocutoire (Trognon & Brassac, 1992 ; Ghiglione & Trognon, 1993) comporte un système de lois et de propriétés qui permet d'identifier les actes ratifiés dans l'espace de l'interlocution, leurs propriétés et les relations qu'ils entretiennent les uns avec les autres. Elle se fonde sur la sémantique générale développée par Searle et Vanderveken (1985) et Vanderveken (1988).

La notion d'acte de langage

Toute production langagière est considérée comme un acte de langage que l'on peut représenter : F(p). Une formule qui se lit : l'acte comporte un contenu propositionnel sur lequel s'exerce une force illocutoire. Le contenu renvoie à l'aspect représentationnel de l'acte (une action ou un état de choses), la force à l'aspect actionnel (ce que l'acte revient à faire). Les actes peuvent réaliser différents types d'action. En référence à la taxonomie des actes illocutionnaires développée par Searle (1976), cinq sont envisagés, mes études m'ont conduite à en proposer un sixième qui permet de rendre compte des actes à visée collective, l'intégration de cette nouvelle catégorie d'acte est justifiée dans Saint-Dizier de Almeida et Agnoletti (2010).
Pour chacun d'eux, Searle précise leur but illocutionnaire ou illocutoire et la direction d'ajustement.

Sont distingués :

• les assertifs (notés A) : ils décrivent un état de choses (les mots s'ajustent au monde) ;

• les expressifs (notés E) : ils expriment l'état psychologique du locuteur (la relation d'ajustement est vide) ;

• les commissifs (notés C) : ils traduisent l'engagement du locuteur à l'accomplissement d'une action future ; cela inclut les requêtes d'action et les requêtes d'information (le monde s'ajuste aux mots) ;

• les directifs (notés D) : ce sont des actes par lesquels le locuteur invite l'allocutaire à faire quelque chose (le monde s'ajuste aux mots) ;

• les déclaratifs (notés D) : ils transforment le monde du fait de leur énonciation (la relation est double : le monde s'ajuste au mot et les mots s'ajustent au monde).

• J'y ajoute les directifs-commissifs (notés DC) : ce sont des actes par lesquels le locuteur et l'allocutaire sont invités à faire quelque chose ensemble (le monde s'ajuste aux mots).

Les propriétés des actes de langage

Les actes de langage possèdent des propriétés qui ont été développées par Searle et Vanderveken, 1985, Vanderveken (1988) et par Ghiglione et Trognon (1993).

On retiendra la notion de satisfaction selon laquelle un acte peut être satisfait ou ne pas être satisfait. L'identification de cette propriété repose sur une lecture prospective du corpus. Cela consiste à chercher une trace communiquant la satisfaction de l'acte.

Un acte dont la direction d'ajustement va des mots au monde (directif, commissif, directif-commissif) est dit satisfait lorsque son contenu propositionnel est devenu vrai parce que l'acte initial a été produit. Un acte dont la direction d'ajustement va du monde aux mots (assertif), est dit satisfait, si l'allocutaire le tient pour acquis.

La notion de réussite renvoie au fait qu'un acte peut échouer (E) s'il n'a pas été compris par l'allocutaire (l'allocutaire ne parvient pas à lui affecter un sens) ; il est réussi avec succès (RS) lorsqu'il a été compris et qu'il peut être satisfait (toutes les conditions à sa satisfaction étant remplies) ; il est défectueux (RD), s'il a été compris par l'allocutaire mais que les conditions requises pour sa satisfaction ne sont pas remplies dans le contexte d'énonciation.

Les composants de la force illocutoire (en nous inspirant de la typologie des composants de la force illocutoire de Vanderveken, 1988) impliqués dans la défectuosité peuvent être les suivants :

(a)   le mode d'accomplissement et le degré de puissance qui renvoient à la façon de s'adresser à autrui, il peut être plus ou moins acceptable et accepté,

(b)   les conditions préparatoires : elles renvoient à des états de choses devant être obtenus pour que l'acte soit satisfait ; ces états de choses concernent des propriétés du locuteur, de l'auditeur, de leurs relations et du monde.

(c)   les conditions de sincérité : cela renvoie au degré de sincérité du locuteur qui peut être mise en question par l'allocutaire.

A noter que pour Vanderveken (1988), un mode d'accomplissement non rempli fait échouer l'acte ; pour ma part je développe qu'il n'est que défectueux (Nicolle & Saint-Dizier de Almeida, 1999). J'ai choisi cette option pour deux raisons : d'une part, l'étude de divers corpus m'a conduite à observer qu'un mode d'accomplissement inapproprié donnait lieu au même type d'enchaînements que par exemple une condition préparatoire non remplie ; d'autre part, un problème de mode d'accomplissement n'affecte pas la dimension représentationnelle de l'acte. Cette option est argumentée dans Nicolle, Saint-Dizier de Almeida, Beust, Jacquet, & Brassac (2003).

Les lois articulant les propriétés des actes de langage

La première loi pose que la satisfaction (S) d'un acte a pour conséquence sa réussite avec succès (RS) : $\boxed{S \Rightarrow RS}$

Plus précisément, un acte satisfait signifie que l'interprétation en actes de l'allocutaire est acceptée du locuteur (le premier locuteur ne remet pas en question l'interprétation en acte de l'allocutaire au troisième temps) et que l'acte était non défectueux - en d'autres termes que les composants de la force étaient remplis dans le contexte d'énonciation.

Dans ce cas de figure, l'acte ainsi rendu intelligible est non défectueux, ce qui revient à dire qu'il est réussi avec succès.

La seconde loi est la suivante : la non satisfaction d'un acte entraîne son échec ou sa défectuosité : $\boxed{\neg S \Rightarrow E \lor RD}$

Lorsque les enchaînements faisant suite à un énoncé traduisent la non satisfaction d'un acte de langage alors deux cas de figure peuvent se présenter : soit l'énoncé n'est pas compréhensible, on dit qu'il échoue (E) ; soit l'acte est compris (sa compréhension n'est pas contestée en troisième tour) mais il ne peut pas être satisfait ou l'allocutaire ne veut pas le satisfaire, on dit dans ce cas qu'il est défectueux (RD). En conversation, la défectuosité est souvent justifiée - le locuteur mentionne le composant de la force faisant défaut - en témoigne tout particulièrement les études de séquences produites lors d'incidents (Agnoletti, Saint-Dizier de Almeida, & Defferrard, 2002) et lors d'une première rencontre (Saint-Dizier de Almeida & Agnoletti, 2010).

La logique interlocutoire intègre une logique des défauts (Reiter, 1990) qui permet de rendre compte du caractère imprévisible et incertain des conversations : en conversation, on ne peut jamais être certain que l'auditeur satisfait un ordre parce qu'on lui a demandé ; de même, lorsque l'auditeur satisfait une assertion, on ne peut jamais être certain que l'auditeur est engagé à la vérité de la proposition qu'il satisfait (Trognon & Brassac, 1992).

II-2.3.2. La dimension architecturale

L'étude de l'architecture de l'activité consiste à identifier des phases et séquences qui reflètent le processus de résolution dans sa dimension chronologique. Cette investigation repose sur la thèse selon laquelle la communication possède une organisation, une structuration qui se façonne au gré des productions langagières. Cette structuration dépend de l'activité dans laquelle elle prend place (Kostulski & Trognon, 1998) ; elle est dépositaire de composants opératoires (De Almeida & Saint-Dizier de Almeida, 1998 ; Trognon, Saint-Dizier de Almeida & Grossen, 1999). Ces structures prennent forme discursivement sous la forme d'une succession de composants du discours articulés linéairement ou hiérarchiquement à d'autres. La délimitation des phases/séquences/interventions qui composent cette structure repose sur une analyse combinant un processus inductif car basé sur les productions émises (Grusenmeyer, 1996) et déductif car fondé sur la tâche théorique à résoudre (Rogalski, 1998) - cette forme de délimitation séquentielle est également opérée par Navarro et Marchand (1994) pour l'étude des communications fonctionnelles.

L'identification des articulations entre phases/séquences/interventions et leur représentation schématique reposent sur le modèle de Genève (Roulet et al., 1985). C'est l'étude des fonctions illocutoires et interactives des composants du discours qui permet de déterminer les relations hiérarchiques et linéaires entre composants. Les fonctions illocutoires sont affectées aux interventions composant un échange. Elles peuvent êtres initiatives, réactives initiatives ou réactives (Roulet et al, 1985). Les interventions initiatives initient des échanges ; les interventions réactives initiatives réagissent à une intervention tout en initiant une nouvelle séquence, les interventions réactives réagissent à des interventions. Quant à la fonction interactive, elle permet de différencier les actes directeurs et les actes subordonnés. L'acte directeur est « obligatoire, c'est lui qui donne son sens général à l'intervention, sa valeur pragmatique » (Maingueneau, 2009, p. 80). L'acte directeur est non supprimable ; l'acte subordonné prépare, étaye, justifie l'acte directeur (Moeschler, 1989).

Ce type d'analyse permet d'avoir une vision de la structure de l'activité opératoire à différents niveaux d'abstraction.

II-2.3.3. La dimension opératoire

Le niveau de l'action est investi ici. Il s'agit d'un niveau privilégié en psychologie ergonomique dès les années 80-90 avec l'étude des communications fonctionnelles (des communications qui ont pour objet la régulation du trafic urbain, ferroviaire, la planification industrielle, la gestion des appels téléphoniques, etc.). Cette forme d'analyse - dénommée « analyse de contenu » dans le champ de la psychologie ergonomique - consiste à identifier les fonctions opératoires remplies grâce et au moyen des comportements langagiers. Les productions langagières sont alors considérées comme des actions au même titre que les actions manuelles (Grusenmeyer, 1996). L'objectif des chercheurs est double. D'une part, il s'agit de préciser la nature et le contenu des communications relativement à la tâche à résoudre ; d'autre part, en quantifiant les productions ayant telle ou telle fonction, il s'agit d'étudier la variation des occurrences de ces actes opératoires selon différents facteurs comme le statut des opérateurs (régulateur *versus* conducteur), leur niveau d'expertise (expert *versus* novice), l'avancée dans le processus (début/milieu/fin)... (Lancry-Hoestlandt & Touzard, 1985 ; De Keyser, 1983 ; Cellier & Mariné, 1983).

Cette forme d'analyse des communications est toujours utilisée, mais actuellement on observe que les actes catégorisés ne sont plus uniquement ceux se rapportant directement à la tâche ; on y intègre les productions ayant une fonction de régulation relationnelle (par exemple Boucheix & Ménard 2000, in Valléry, Boucheix, Leduc, & Cerf, 2005). Aussi, son usage est moins uniforme que dans les années 80-90. L'unité d'analyse peut aller de l'acte de langage à la séquence. Aussi, le choix du degré de finesse de l'analyse et le choix du traitement des actes (plus ou moins déductive *versus* inductive) varient également selon les auteurs et surtout selon leurs objectifs.

L'affectation des fonctions opératoires

Le processus par lequel est affectée une fonction opératoire à une unité comportementale repose sur une analyse du contenu. Le processus d'analyse est inductivo-déductif : inductif, car il procède en une analyse des transcriptions fonctionnant au cas par cas (Grusenmeyer, 1997) ; déductif car « l'analyse sémantique est orientée par les contenus de l'activité attendue dans la réalisation de la tâche, contenus identifiés à partir de savoirs de référence ou de modèles de l'activité

22

déjà établis (…). » (Rogalsky, 1998, p. 43). L'analyse repose sur deux niveaux de codage bien décrits par Delgoulet, Kerguelen et Barthe (2000), un descriptif, l'autre interprétatif. La dimension « description » consiste en une transcription des messages et en un codage descriptif des actions et la dimension « interprétation » consiste à affecter une fonction opératoire[4] à un comportement ou à un message relativement au but poursuivi. Pour cette affectation, le chercheur se base sur plusieurs éléments : 1) l'action dans sa dimension descriptive, 2) le but supposé être poursuivi par l'opérateur dans la situation hic et nunc relativement à la tâche à accomplir et, 3) la liste des fonctions opératoires à disposition (Delgoulet, Kerguelen, & Barthe, 2000).

La liste des fonctions opératoires est déterminée en amont sur la base du contenu des communications à étudier et de la tâche à accomplir ; ce travail repose également sur un travail inférentiel du chercheur reposant sur un processus à la fois inductif (basé sur le contenu) et déductif (basé sur la tâche prescrite ou formelle).

Le poids accordé au processus déductif, tout comme le choix du grain d'analyse dépend de l'objectif du chercheur. Si on procède à une étude de cas visant à instruire l'activité dans sa singularité, on optera pour un grain fin et une approche davantage inductive (cf. Boucheix, & Ménard, 2000 in Valléry, Boucheix, Leduc, & Cerf, 2005). En revanche, si l'objectif est d'opérer des comparaisons sur la base de calculs d'occurrences, un grain plus grossier et une approche davantage déductive sera davantage employée (cf. par exemple Cellier & Mariné, 1983).

Des mises en garde dans la conduite du processus d'analyse

Lacoste interviendra dès la fin des années 80, pour souligner l'importance pour l'analyste d'être « baigné dans l'espace interactionnel ». Elle montre que la prise en compte de la séquentialité est déterminante dans ce type d'affectation (Lacoste, 1983). Pour montrer l'importance de la séquentialité dans la détermination des fonctions opératoires, nous allons emprunter les illustrations utilisées par Delgoulet, Kerguelen et Barthe (2000).

Soient les fonctions opératoires suivantes produites dans un cadre hospitalier et illustrées par un exemple :

- déclencher une phase : « bon maintenant il va falloir aller chercher les appareils »
- orienter ou ajuster : « attends attends faut mettre un chiffon ici »
- évaluer : « c'est pas une fissure »
- conclure une phase ou une action : « bé c'est bon »

---

[4] Dans leur modèle, Delgoulet, Kerguelen et Barthe (2000) emploient le terme d'attribut interprétatif. Ce terme renvoie à la notion de fonction opératoire. Pour ne pas obscurcir mon propos, je préfère utiliser systématiquement la notion de fonction opératoire.

Considérons, par exemple, le « bé c'est bon ».

La détermination de la fonction conclusive de cet énoncé nécessite notamment la prise en compte de son inscription séquentielle. En effet, si cet énoncé apparaît entre les deux actions suivantes : « t'es prêt, on y va » et (les agents soulèvent la patiente) ; dans ce cas, le « bé, c'est bon » n'aura pas une fonction conclusive, mais davantage une fonction d'ajustement. Si le « bé, c'est bon » succède à l'énoncé « On peut emmener Mme X ? », alors sa fonction sera évaluative. Si le « bé, c'est bon » succède à l'action collective (les agents soulèvent la patiente) et si, il s'ensuit le déclenchement d'une nouvelle phase, alors il aura cette fois une fonction conclusive.

Pour identifier les fonctions opératoires que réalisent les actions, il faut donc, également, s'enquérir de l'espace séquentiel dans lequel apparaît le comportement à catégoriser.

Ainsi identifier des actions opératoires consiste à segmenter des unités langagières (généralement de l'ordre de l'intervention – i.e. la plus grande unité monologale) et à leur affecter une fonction. Les fonctions opératoires doivent au préalable être répertoriées dans un système de catégories que l'on peut également nommer grille. La grille doit être créée en amont relativement aux spécificités du corpus à analyser, mais doit rester suffisamment générique pour que des comparaisons entre différentes communications produites dans un même cadre professionnel soient réalisables. L'identification des fonctions ou actions opératoires repose là aussi sur un processus inductivo-déductif : inductif dans le sens où l'analyse repose sur une étude des communications et déductif car elle est orientée par la grille qui capitalise « les contenus de l'activité attendue dans la réalisation de la tâche » (Rogalski, 1998, p. 43). L'affectation d'une fonction requiert un travail inférentiel du chercheur basé sur le comportement transcrit, sur le but supposé être poursuivi par l'opérateur dans ce contexte et à ce moment de l'interlocution (Delgoulet, Kerguelen, & Barthe, 2000). Cette approche permet d'identifier la fonction opératoire que l'opérateur tente de réaliser. L'étude des réactions faisant suite à son comportement va permettre d'identifier la fonction reconnue et validée dans l'espace de travail. Pour une illustration des distinctions entre fonctions escomptées (que l'analyse suppose escomptée au vu des moyens mis en œuvre en contexte) et fonctions identifiées, reconnues, je renvoie à Saint-Dizier de Almeida (2013a).

II-2.3.4. La dimension relationnelle

Les premiers travaux en psychologie ergonomique portant sur les communications fonctionnelles, même si cela n'était pas revendiqué explicitement, ont investi cette dimension ; certes, pas dans sa dynamique, mais comme une variable indépendante. Il s'agissait après avoir opéré une analyse de contenu, d'apprécier comment les actes dotés d'une fonction opératoire se distribuaient sur les opérateurs relativement à leur statut. Cette pratique a permis alors de cerner les rôles occupés par différents opérateurs en situation de travail. Fin des années 90 avec notamment Rogalski (1998), cette variable relationnelle est intégrée au processus d'analyse afin d'étudier le processus de coordination à l'œuvre dans les collectifs de travail : pour chaque propos tenu, il s'agit de préciser qui dit quoi. Cette détermination des rôles qui consiste à combiner le statut des participants et la fonction opératoire des actions qu'ils réalisent, permet donc d'instruire la dimension relationnelle de l'activité. Cette approche de la relation est utilisée par Valléry (2004) pour l'étude des relations de service ; il la complète par une analyse plus fine des interactions qui s'y déploient. Cahour (2002) l'utilise pour l'étude des activités collaboratives de conception en présentiel ; Barcellini, Détienne et Burkhardt (2007), pour l'étude des activités collaboratives de conception médiatisée *via* les NTIC.

Dans les années 2000 les chercheurs ne négligent plus les actes ou les séquences ayant une fonction s'inscrivant dans la sphère relationnelle – c'était le cas pour l'étude des communications dites fonctionnelles. Il faut préciser que les années 2000 sont marquées par un intérêt croissant pour les communications produites dans les relations de service. Ces communications ont pour singularité de mettre en coprésence des individus pouvant présenter des asymétries au niveau culturel, social, cognitif. Ces individus souvent ne se connaissent pas et par exemple la mise en place d'une relation de confiance, qui est généralement acquise dans les communications opératives, est ici à construire dans et au moyen des échanges. Dès lors les séquences ayant une fonction de régulation relationnelle sont considérées comme constitutives de l'activité et deviennent alors l'objet d'investigation. Par exemple, Boucheix et Ménard (2000, in Valléry, Boucheix, Leduc, & Cerf, 2005) étudient les séquences où apparaissent des remerciements, des salutations, des expressions émotionnelles, des interpellations affectives, etc. ; Brangier (2002) répertorie des techniques discursives visant à réduire les attitudes revendicatives comme reformuler les inquiétudes, anticiper un conflit et le désamorcer, faire des blagues, plaisanter, etc. ; Caroly (2000) étudie les rituels d'ouverture, les marques de politesse, les techniques pour anticiper des conflits. On peut aussi accéder à des informations sur la régulation relationnelle par le biais des entretiens. Par cette technique, on peut recueillir des informations sur les stratégies utilisées pour établir une relation de confiance (Caroly, 2004), pour dépasser ou gérer des situations problématiques ou difficiles (Caroly, 2004 ; Djibo, 2008).

Ainsi, lorsque l'on vise l'étude de la dimension relationnelle, on peut opter pour la détermination des rôles qui va permettre d'aborder la totalité du corpus et/ou on peut s'intéresser à la qualité relationnelle (notion introduite par Falzon & Cerf, 1995) et dans ce cas, l'analyse portera sur les séquences ou les actes qui ont une fonction s'inscrivant dans le registre relationnel. La qualité relationnelle est alors appréhendée de manière sporadique, à travers les séquences (transcrites ou rapportées) ayant une fonction première de régulation sociale et/ou exploitant des ressources appartenant au registre des civilités. Ce constat trouve une explication dans les propos de Falzon et Cerf (2005). Selon ces auteurs, même une transaction simple et sans difficulté suppose la gestion du niveau relationnel ; mais, « le plus souvent, celle-ci ne sera guère visible, puisque ne donnant lieu à aucune négociation particulière ou inhabituelle. En revanche, dès lors que des difficultés spécifiques surgiront (…) des sous-dialogues seront mis en œuvre afin d'aplanir ces difficultés » (Falzon, & Cerf, 2005, p. 55-56).

Si effectivement les séquences de régulation relationnelle sont particulièrement éclairantes sur la relation qu'entretiennent les protagonistes, il m'a semblé important de disposer d'un cadre permettant d'identifier ce versant relationnel des communications même en l'absence de séquences s'y consacrant. Ainsi, mon projet a été de rendre davantage « visible » la dimension relationnelle des communications. Dans Saint-Dizier de Almeida (2009), j'ai proposé un cadre théorico-méthodologique pour ce type d'investigation. J'utilise des notions et concepts issus de la psychologie sociale et de la linguistique interactionniste, en l'occurrence les notions de contrat de communication, de rôle, de rapport de place, de position, de taxème. Pour organiser ces notions de façon à former un cadre cohérent, je me suis référée au cadre conceptuel développé pour instruire le versant opératoire des activités et j'ai opéré un parallèle entre « modèle de tâche » et « contrat de communication » en posant que la notion de contrat de communication est à la relation, ce que le modèle de tâche est à la dimension opératoire. Le schéma ci-après permet de visualiser le parallélisme entre modèle de tâche et contrat de communication.

26

DIMENSION RELATIONNELLE   DIMENSION OPERATOIRE

| Contrat de communication théorique | Expérience et connaissances socioculturelles du participant | Expérience et connaissances opératoires du participant | Modèle de la tâche théorique |

Contrat de communication représenté   Modèle de tâche représentée

En situation

En fonction des contraintes situationnelles *hic et nunc*

Contrat de communication actualisé   Modèle de tâche actualisée

ACTIVITÉ

Contrat de communication effectif   Modèle de tâche effective

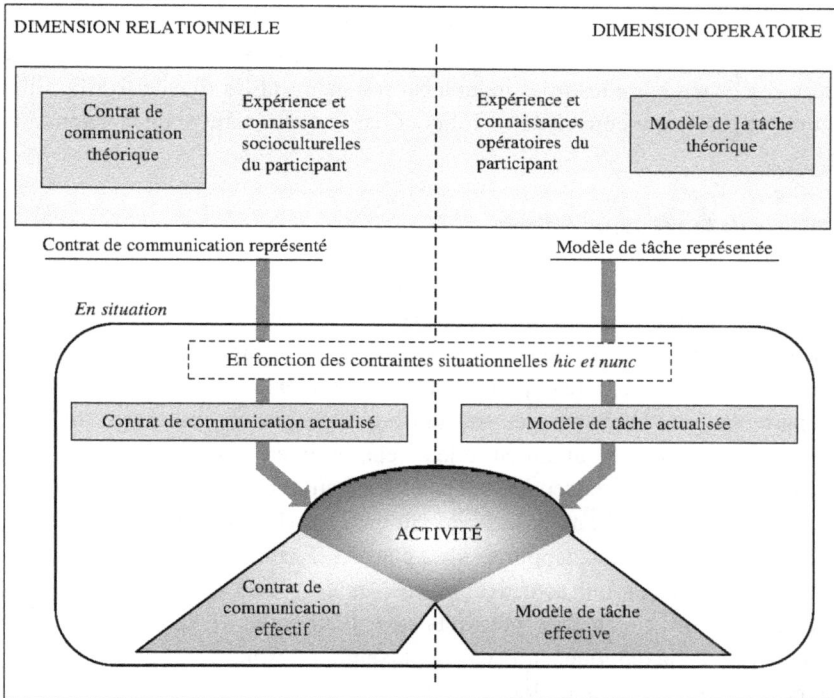

Figure 1 : Parallélisme entre le modèle de tâche et le contrat de communication
extrait de Saint-Dizier de Almeida (2009)

Deux types de contrat sont distingués : le contrat de communication externe et le contrat de communication co-construit. Le premier s'instruit par des entretiens et des études documentaires ; le second repose sur une analyse fine des communications, par laquelle sont identifiés :
- les rôles : qui fait quoi ?
- l'axe de la relation verticale : quelle est la relation hiérarchique entre les interlocuteurs ?
- l'axe de la relation horizontale : quelle est la distance/proximité entre les interlocuteurs ?

La détermination des rôles

Déterminer les rôles, revient à préciser pour chaque fonction opératoire identifiée, le statut de la personne qui l'accomplit (statut invoqué dans le cadre de l'interaction). Mettre en adéquation les rôles accomplis et ceux prescrits par le cadre institutionnel, peut être riche d'enseignement. J'ai formé deux de mes étudiants à cette forme d'analyse, elles l'ont appliquée à l'analyse d'un conseil de classe. Elles ont pu mettre en évidence des écarts entre les rôles induits par les statuts et les rôles effectifs. Elles ont montré que ces écarts pouvaient s'expliquer par le cheminement de la discussion en cours.

L'axe de la relation verticale

La relation verticale renvoie à la relation hiérarchique qui s'établit entre les participants et se matérialise à travers leurs échanges (Marcoccia, 2007). Pour investir cette dimension, j'emprunte à Flahaut (1978) la notion de rapport de places. Cette notion permet de rendre compte « qu'au cours du déroulement d'une interaction les différents partenaires de l'échange peuvent se trouver positionnés en un lieu différent sur cet axe vertical invisible qui structure leur relation interpersonnelle. On dit alors que l'un d'entre eux se trouve occuper une position "haute" de "dominant", cependant que l'autre est mis en position "basse", de "dominé" » (Kerbrat-Orecchioni, 1988, p.185). Pour instruire les rapports de places, Kerbrat-Orecchioni propose l'identification de taxèmes qui sont des indicateurs de places (Kerbrat-Orecchioni, 1988). Certains taxèmes sont plus puissants que d'autres en ce sens qu'ils dotent l'acte d'une valeur taxémique. La valeur taxémique principale d'un acte est généralement donnée par la force illocutoire et sa fonction interactive. Ainsi,

- la force illocutoire directive (qui impose à l'autre de faire ou de dire quelque chose) est un taxème de position haute pour le locuteur et donc basse pour l'allocutaire (puisque l'allocutaire est placé en position de soumission) ;
- la force illocutoire commissive (par laquelle le locuteur s'engage à faire quelque chose) est un taxème de position basse pour le locuteur (puisque c'est à lui de faire quelque chose) et donc haute pour l'allocutaire ;
- le remerciement dont la force illocutoire est expressive (elle exprime l'état psychologique du locuteur) est un taxème de position basse pour le locuteur car considéré par Kerbrat-Orecchioni (1988) comme un acte auto-dégradant.

La valeur taxémique d'un acte peut être atténuée ou accentuée par la présence d'autres taxèmes. Par exemple, la fonction initiative d'un acte est un taxème de position haute pour le locuteur : il indique que le locuteur a le pouvoir sur la trame du discours. Ainsi, si un ordre initie une séquence, la valeur taxémique de position haute pour le locuteur sera accentuée et donc corrélativement, celle de l'allocutaire sera encore plus basse.

Les formules de politesse sont des taxèmes de position basse pour le locuteur. Si un acte illocutoire directif comporte une formule de politesse, la valeur taxémique de l'acte sera atténuée ; le locuteur sera alors en position moins haute et corrélativement, l'allocutaire en position moins basse.

L'axe de la relation horizontale

La relation horizontale renvoie à la proximité ou à la distance qui s'établit entre les interlocuteurs et qui se matérialise à travers leurs échanges (Marcoccia, 2007). Là aussi, il s'agit d'identifier des taxèmes qui sont ici des marqueurs de la relation horizontale. Si Kerbrat-Orecchioni (1988) a davantage investi l'axe de la relation verticale, Marcoccia (2007) utilise certains des taxèmes qu'elle a identifiés pour instruire l'axe de la relation horizontale. Les pronoms d'allocution (tutoiement, vouvoiement, ...), les titres, les termes d'adresse et autres expressions appellatives sont considérés comme des taxèmes renseignant sur les relations notamment socio-affectives ; les choix lexicaux, grammaticaux, syntaxiques... constituent des éléments pouvant instruire le style des échanges (familier, professionnel, intime, distant...) et sont à ce titre des taxèmes de la relation horizontale.

Ce cadre a été testé pour l'étude d'une interaction tutorielle a-didactique (Saint-Dizier de Almeida, 2009).

II-2.3.5. La dimension cognitive

Il s'agit ici d'identifier des composants cognitifs de l'activité déductibles de l'analyse des productions langagières. Pour cette dimension, il est difficile de fournir un cadre générique car le cadre va dépendre de la nature des phénomènes à investir et des objectifs du chercheur. Etudier la dimension cognitive de l'activité peut consister à investir les langages opératifs (Falzon, 1989), à identifier des compétences professionnelles (Saint-Dizier de Almeida, 1997 ; Mayen, 1998 ; Engrand, 2002 ; Mayen & Specogna, 2005 ; Batt & Trognon, 2009), à restituer des processus de mise en partage de connaissances (Grusenmeyer & Trognon, 1997 ; Trognon & Saint-Dizier, 1999 ; Kostulski & Trognon, 1998), de construction de concepts (Kostulski & Prot, 2004), etc.
Je propose dans cette partie de présenter un cadre construit pour identifier les ressources argumentatives mobilisées au cours d'un dialogue potentiellement conflictuel, un autre pour identifier des raisonnements et des règles mobilisés dans le cours de l'activité, et un dernier adapté à l'identification et à la formalisation de patterns qui s'expriment discursivement.

Identification de ressources argumentatives

Il est des dialogues où les ressources proviennent de registres divers ; elles peuvent renvoyer à des mondes passés, futurs, des mondes perçus, des mondes souhaités ou non… : des mondes possibles au sens de Hintikka (1989). C'est ce qui ressortait d'un échange téléphonique conflictuel entre un patron et un employé dont l'analyse apparaît dans Saint-Dizier de Almeida & Agnoletti (2007).

Pour mettre en exergue la référence à différents mondes, je me suis inspirée de la logique des prédicats telle qu'exploitée par Trognon, Batt et Laux (2006). J'ai retenu l'idée d'une présentation sous forme de tableau (cf. tableau 1) où les colonnes permettent de mettre en exergue l'emploi d'opérateurs modaux, les prédicats, la valeur sémantique des arguments 1 (instances énonciatives) et des arguments 2 et 3. J'y ai ajouté une colonne précisant le temps des verbes. Cette formalisation a permis de montrer que dans cet échange, les propos tenus peuvent s'inscrire dans des mondes factuels (passé, présent), contrefactuels (passé souhaité, futur probable, futur souhaité, futur non souhaité) et renvoyer également au monde de l'organisation, au monde des règles institutionnelles, etc.

Illustration à partir de l'analyse d'une séquence extraite de l'échange téléphonique conflictuel entre un patron et un employé

La séquence :

E1 : Samedi j'ai besoin de mon samedi

P2 : hum

E3 : parce que j'ai des problèmes de santé là

P4a : oui ben

P4b : il fallait me le marquer

P4c : moi je peux pas te le donner hein

E5a : oui

E5b : c'est que j'ai pas été là de la semaine

P6a :ben oui

P6b : mais il faut marquer les jours

P6c : et pis là je peux pas changer

P6d : hein

P6e : le problème je ne peux pas changer

P6f : alors là je suis dans la merde complète...

P6g : si samedi tu peux pas rouler

P6h : bon ben moi je je peux pas

P6i : il aurait fallu me prévenir

P6j : hein

P6k : il y a le téléphone
P61 : c'est pas fait pour n'importe qui le téléphone hein
E7 : ouais

Le tableau 1 montre que la mise en exergue des modalités, des prédicats et arguments, du temps des verbes permet de circonscrire ces mondes de référence.

N° + loc	Phrase Produite	Mod onti-que	Mod déonti-que	Prédicat	Argt 1	Argt 2	Argt 3	Temps du verbe	Monde de référence
E1	Samedi j'ai besoin de mon samedi			Avoir besoin	j'(E)	de mon (de E) samedi		présent	Futur souhaité par E (monde de la vie de E)
P2	hum								
E3	parce que j'ai des problème s de santé là			Avoir	je (E)	des problèm es de santé		présent	Présent (monde de la vie de E)
P4 a	oui								
P4 b	Ben il fallait me le marquer		falloir	marqu er	il (imper s)	le (samedi)	me (P)	imparfai t	Passé contre-factuel souhaité par P
P4 c	moi je peux pas te le donner	pouvoi r		donner	je (P)	le (samedi)	te (E)	présent	Présent (monde des contraintes organisationnell es)
P4 d	hein								
E5 a	oui								
E5 b	c'est que j'ai pas été là de la semaine			être	je(E)	de la semaine	là (à l'entrepr ise)	Passé-compos é	Passé réel (monde de la vie de E)

Tableau 1 : Composants linguistiques et mondes de référence
extrait de Saint-Dizier de Almeida & Agnoletti (2007)

La figure 2 restitue les mondes auxquels l'employé et le patron font référence dans leur discours respectif.

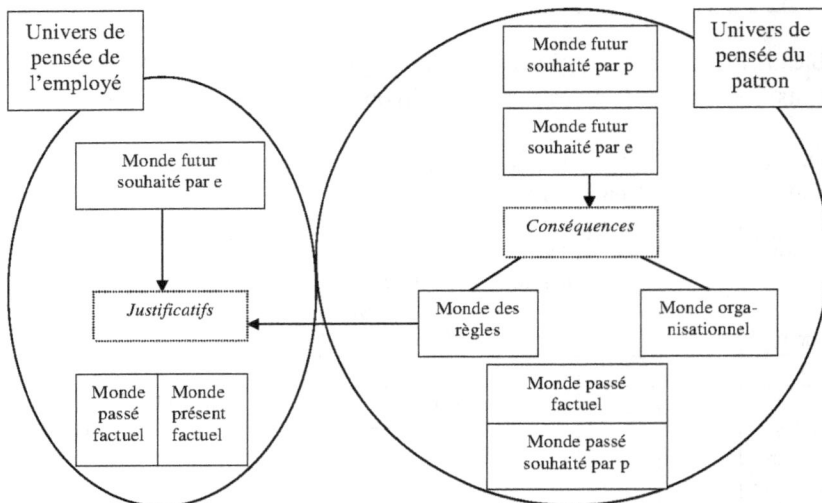

Figure 2 : les mondes de référence de chaque interlocuteur

Identification de traitements cognitifs

Approcher ce niveau de l'activité va consister à se placer du point de vue de l'un ou l'autre des participants et à identifier les traitements et ressources sous-jacents à chacune des actions. Il ne s'agit pas de prétendre pouvoir accéder aux cognitions « réellement » activées en situation, mais uniquement à celles laissant des traces dans l'espace de l'interlocution (Saint-Dizier de Almeida & Agnoletti, 2010).

La mise en adéquation de l'acte produit avec l'événement auquel il réagit, tout en considérant le contexte d'apparition, permet d'identifier le traitement cognitif et les ressources impliquées. Pour représenter ces traitements cognitifs, j'emprunte à la logique, les opérateurs nécessaires et suffisants à leur restitution, en général la négation, la conjonction, l'implication. Ces opérateurs me permettent d'articuler des composants cognitifs impliqués dans les raisonnements.

La séquence
E1 : Samedi j'ai besoin de mon samedi
P2 : hum
E3 : parce que j'ai des problèmes de santé là
P4a : oui ben

P4b : il fallait me le marquer
P4c : moi je peux pas te le donner hein
E5a : oui
E5b : c'est que j'ai pas été là de la semaine
Les cinq premiers tours de parole que j'ai découpés en actes de langage (unité monologale minimale) sont analysés à la suite.

En énonçant E1, l'employé produit littéralement un assertif par lequel il décrit un besoin : il a besoin de son samedi. Relativement à la situation d'interaction (échange téléphonique entre un patron et un employé où le patron est le supérieur hiérarchique de l'employé), il produit un directif indirect : donnez-moi mon samedi.
Par un « hum », le patron produit un phatique par lequel il manifeste qu'il a bien entendu. E poursuit *via* E3 en justifiant son besoin et par là même sa demande indirecte. La justification est marquée par l'utilisation d'un connecteur argumentatif (parce que).
Le patron va alors produire une intervention complexe. Il énonce tout d'abord un « oui » par lequel il communique qu'il comprend la situation que lui expose l'employé. *Via* P4b qui débute par l'utilisation du connecteur « ben », il communique implicitement la non satisfaction de la requête produite *via* E1 et plus littéralement sa défectuosité en mentionnant qu'une condition préparatoire de la requête n'est pas remplie : avoir son samedi a pour condition nécessaire que le samedi en question ait été marqué. Par cet acte de langage, le patron manifeste qu'il a accédé à la demande initiale de l'employé puisque celle-ci constitue une prémisse au raisonnement l'ayant conduit à produire P4b.
En outre, par cet énoncé, et notamment par l'utilisation de la modalité déontique (falloir), il communique qu'il existe une règle dans l'institution selon laquelle : pour avoir un jour de congé, il faut l'avoir marqué au préalable. Aussi par l'emploi de l'imparfait, il communique également que l'employé en référence au monde factuel passé n'a pas appliqué cette règle.
Pour produire cet énoncé, le patron s'est donc référé au monde de l'institution (*via* la règle selon laquelle pour avoir un jour de congé, il faut avoir marqué le jour au préalable) et au monde factuel passé (l'employé n'a pas marqué le jour).

P4c apparaît comme une conséquence du non-respect de la règle mentionnée en P4b, mais qui n'est pas assimilable à la communication littérale de la non satisfaction de E1 – qui aurait pu se traduire par un énoncé du type « je ne te le donne pas ». En effet, la présence de la modalité ontique « pouvoir » nous place à nouveau dans la communication d'une condition préparatoire de E1 qui serait une conséquence du fait que l'employé n'ait pas marqué son samedi. Ce qui précède peut se formaliser comme ceci :

(Figurent entre crochets les actions, entre parenthèses les états de choses, $\supset$ renvoie à « implique »)

Satisfaction de E1 $\supset$ [pouvoir s'organiser] $\supset$ (avoir marqué)

Et donc : $\neg$ [avoir marqué] $\supset$ $\neg$ [pouvoir s'organiser] $\supset$ $\neg$ Satisfaction de E1

En E5a, l'employé énoncé un « oui ». A ce niveau du discours, ce « oui » peut être i) soit un « oui » de complaisance, 2) soit un phatique, dans ce cas, l'employé manifeste qu'il s'approprie, qu'il comprend le discours de son partenaire, tout en pouvant être en accord ou en désaccord avec le contenu, iii) soit ce « oui » communique la satisfaction par défaut des propos du patron, dans ce cas il communique qu'à ce moment de l'interlocution il adhère au discours du patron.

E5b nous éclaire sur la fonction du « oui ». L'employé par l'utilisation de « c'est que » qui revêt ici une fonction de connecteur argumentatif, explique pourquoi il n'a pas marqué son samedi : en l'occurrence il n'a pas été là de la semaine.

Il énonce une condition préparatoire de [marquer congé] qui peut se formaliser comme suit :

[marquer congé] $\supset$ être présent

En assertant $\neg$ (être présent), il invite à la contraposée : $\neg$ (être présent) $\supset$ $\neg$ [marquer congé]. Par l'assertion E5b, il confirme alors à un niveau implicite qu'effectivement dans le monde factuel, il n'a pas marqué son samedi.

Aussi, le fait d'enchaîner sur le « marqué », manifeste également que l'employé comprend l'importance du marquage pour la satisfaction de sa requête initiale et donc qu'il a connaissance de la règle selon laquelle :

[avoir un congé] $\supset$ (congé marqué).

Identification de patterns ou de procédures séquentielles

Falzon en s'inspirant des travaux sur l'identification des paires adjacentes (Sacks, Schegloff, & Jefferson, 1974), identifie dans un corpus d'interactions tutorielles, des régularités locales formées par des interventions adjacentes. Il dénomme patterns, les paires d'interventions récurrentes.

L'identification de régularités locales est une pratique que j'ai également mise en œuvre dans le cadre de plusieurs projets et dans cette optique la logique interlocutoire s'est révélée particulièrement puissante. Dans l'étude GOCAD dont il sera question dans le prochain chapitre, l'analyse interlocutoire a permis de mettre à jour des patterns d'assistance (succession d'actes de langage présentant un même format et remplissant une même fonction opératoire) et de les restituer dans un format indexical. L'analyse a également révélé que pour remplir une même fonction opératoire et dans des circonstances identiques, les procédés pouvaient différer et donner lieu à des patterns vicariants (Reuchlin, 1990). Je renvoie à Saint-Dizier, 1995 ; Saint-Dizier de Almeida, 1996 ; Saint-Dizier de Almeida, 1997 pour l'identification de patterns d'assistance en contexte tutoriel.

J'ai, dans la même optique, testé l'analyse interlocutoire pour l'identification de procédés à l'œuvre en situation de première rencontre et en situation potentiellement conflictuelle. Les données traitées ont été recueillies par Agnoletti et Defferrard grâce à un dispositif de recueil quasi-expérimental (1999). Leur projet était de tester l'effet de variables (genre, intensité de l'acte) sur l'attitude de personnes impliquées dans des situations contrôlées. Ces données prennent la forme d'échanges en trois tours de parole obtenus par la méthode des vignettes.

J'ai étudié des séquences produites dans le cadre de deux de leurs recherches : l'une portait sur des échanges produits suite à un incident par les protagonistes (l'arroseur et l'arrosé) (Agnoletti, 1999) et l'autre sur des échanges produits en situation de première rencontre de type flirt (Agnoletti & Defferrard, 2002). Dans ce cadre, ma mission était d'identifier les procédés utilisés pour accomplir une même fonction opératoire. Par exemple identifier les procédés utilisés pour décliner l'invitation, pour accepter, pour responsabiliser la victime, etc. L'utilisation de l'analyse interlocutoire s'est révélée efficace pour ces études ; je suis parvenue à mettre à jour différents patterns accomplis pour réaliser une même fonction opératoire dont certains sont plus fréquemment utilisés que d'autres. Je renvoie à (Agnoletti, Saint-Dizier de Almeida, & Defferrard, 2002) pour l'étude des procédés accomplis lors d'un incident et à (Saint-Dizier de Almeida & Agnoletti, 2010) pour ceux identifiés dans un contexte de rencontre galante.

Ainsi, l'analyse interlocutoire munie du formalisme de la sémantique générale permet d'identifier et de formaliser des procédés langagiers.

II-3. Apports et limites du cadre proposé

Ainsi, l'analyse des communications permet dans une certaine mesure d'accéder à la structure de l'activité (succession de phases), aux fonctions opératoires réalisées, à l'identification de certains composants de la tâche, à certains traitements cognitifs (ceux nécessaires et suffisants pour pouvoir expliquer une production), à la répartition des rôles, au rapport social qui se façonne au gré de l'interlocution, au mode d'exécution des actions. Ces éléments ne couvrent que partiellement les composants impliqués dans l'activité. En effet, la seule référence à la transcription des communications ne permet pas d'identifier par exemple l'accomplissement de techniques et de stratégies.

Aussi, le format langagier n'est pas toujours suffisant pour accéder à la nature des composants manipulés dans le cours de l'activité.

Par exemple dans l'étude GOCAD/IRMA (Saint-Dizier, 1995 ; Saint-Dizier de Almeida, 1996 ; Saint-Dizier de Almeida, 1997), nous observons que les préconditions des commandes ne se révèlent que lorsque l'utilisateur est dans une position requérant de l'aide ; plus précisément lorsqu'il énonce une commande qui ne peut être exécutée car l'une de ses préconditions n'est pas remplie. Dans ce type de contexte, la demande des participants est suspendue par un échange subordonné dont la fonction est de rendre la commande exécutable – faire en sorte que la précondition soit remplie. Ce format conversationnel marqué par une suspension permet de déduire que l'action réalisée au cours de cet échange subordonné va permettre d'obtenir un état de choses nécessaire à la réalisation de la commande initiale. On peut donc en déduire que l'état de choses obtenu constitue une précondition de la commande.

Mais lorsqu'une commande est demandée et qu'elle est exécutée par le compère au tour suivant ; on ne peut pas savoir si l'état de choses initial remplit ou non une précondition de la commande. En fait, trois possibilités sont envisageables (De Almeida & Saint-Dizier de Almeida, 1998 ; Saint-Dizier de Almeida, 1996) :

1) soit l'état de choses est nécessaire et dans ce cas, il s'agit d'une précondition ; 2) soit l'état de choses est suffisant (ce qui signifie qu'un autre état de chose aurait également pu permettre la réalisation de la commande et il ne s'agit donc pas d'une précondition, mais d'une condition suffisante), 3) soit l'état de chose n'a pas de lien avec la commande.

Ainsi, on voit que le format langagier a une incidence sur l'identification des composants de de l'activité ; même lorsque ceux-ci sont exploités, ils peuvent ne pas être visibles.

Aussi, les composants utilisés que les partenaires souhaitent camouflés (un état mental, une information), ne seront pas identifiés.

Le bilan qui vient d'être produit révèle qu'une part de l'activité échappe à l'analyste des communications ; en l'occurrence celle qui ne laisse pas de traces dans le discours. On voit alors l'intérêt de recourir à d'autres données pour instruire davantage la dimension cognitive de l'activité.

Avec une étudiante en Master travail recherche, nous avons investi une même activité (une vente à domicile) au moyen de différentes techniques de recueil de données : entretien « pourquoi, comment », et différentes modalités de l'entretien/verbalisations en auto-confrontation (entretien face à la vidéo, verbalisations face à la vidéo, annotation de la vidéo transcrite) afin d'éclairer ce que chacune de ces méthodes permettaient de mettre à jour.

De mon côté, j'ai procédé à l'analyse des comportements produits au cours d'une séquence qui a servi à conduire un entretien en auto-confrontation. La mise en adéquation des résultats d'analyse des comportements et des résultats des entretiens en auto-confrontation a permis de montrer à quels niveaux ces deux méthodes étaient complémentaires et comment les utiliser conjointement (Saint-Dizier de Almeida, sous presse).

III- Etude 1 : La modélisation d'une activité

L'analyse des communications pour modéliser des activités à simuler : le cas de l'activité d'assistance en situation homme-machine tutorielle a-didactique

Cette étude révèle que des analyses fines de séquences d'interactions langagières permettent d'instruire l'activité qui s'y déploie et de disposer des éléments nécessaires et suffisants à la modélisation et à l'implémentation d'un artefact capable de simuler des comportements humains qui s'expriment discursivement, en l'occurrence ici l'assistance à l'utilisation d'un logiciel.

III-1. Le contexte

Si dans les années 80, le projet des chercheurs en Intelligence Artificielle était de concevoir des systèmes intelligents censés simuler l'activité d'expert humain, en témoigne les systèmes experts produits durant cette période ; dans les années 90 se pose la question de l'utilisabilité de tels systèmes. Tout un champ de l'Intelligence Artificielle va alors se consacrer au développement d'interface homme-machine en langue naturelle accessible (Pierrel, 1987 ; Sabah, 1996 ; Bilange, 1992).

La démarche de conception classiquement utilisée en Dialogue Homme-Machine et en ergonomie des interfaces est descendante. La conception des interfaces repose sur l'utilisation de systèmes développés à partir de modèles disponibles dans différents champs des sciences cognitives (linguistique, psychologie, philosophie du langage et de l'esprit) et sociales (sociologie). En effet, les premiers systèmes de traitement de la langue qui avaient pour mission la compréhension de phrases sont inspirés de modèles provenant de la linguistique ; ces modèles ont permis la conception de systèmes, comme ESOPE (développé par le LIMSI-Oray, KEAL (CENT-Lanion), MYRTILLE (CRIN-Nancy) permettant le traitement lexical, syntaxique et sémantique des énoncés et la gestion de phénomènes plus particuliers comme les ellipses, les anaphores (Pierrel, 1987). La deuxième génération de systèmes de Traitement Automatique des Langues a pour objet l'interprétation des énoncés, c'est-à-dire comment identifier l'intention de sens sous-jacente à la production d'un énoncé. Dans cette optique, les chercheurs s'inspirent de modèles développés en philosophie du langage, notamment aux maximes de Grice (1979), aux travaux d'Austin (1962), à la théorie des actes de langage de Searle et Vanderveken (1985). Pour la génération des énoncés, les premiers systèmes se réfèrent à la théorie de l'action planifiée (Newell & Simon, 1972 ; Allen, 1984). Plus tard, Pollack (1990), Cohen et Levesque (1990), pour dépasser des problèmes posés par l'emploi de la théorie précédente (par exemple l'impossibilité de gérer des modifications circonstancielles induisant des changements de plan), vont se référer à la théorie de l'activité rationnelle de Bratman (1987) et concevoir des systèmes capables de manipuler des états mentaux. On note aussi, pour améliorer la convivialité des interfaces, une référence aux travaux conduits en Analyse Conversationnelle (branche de la sociologie consacrée aux activités langagières). Par exemple, Cheepen (1994), Cawsey (1990) et Raudaskoski (1990) proposent d'intégrer au système classique de génération de plans les procédures de réparation mis à jour en Analyse Conversationnelle. Sabah (1996) pour tenter de formaliser la dimension relationnelle des interactions langagières (et notamment les stratégies de protection et d'attaque de face) se réfère aux processus de figuration de Goffman (1974). On peut aussi évoquer Luzzati (1995) qui s'est inspiré du modèle structuro-fonctionnel de l'Ecole de Genève (Roulet, Auchlin, Moeschler, Rubbatel, & Schelling, 1985) pour concevoir un système calculatoire permettant, sur la base d'une représentation de l'architecture conversationnelle en cours, la gestion des suspensions discursives.

La démarche descendante a permis d'une part des avancées dans la compréhension de la communication interpersonnelle, et d'autre part de fournir aux développeurs des modèles génériques à instancier pour des applications cibles ; toutefois elle s'avère plus difficilement praticable lorsqu'il n'existe pas dans la littérature de modèles de l'activité à simuler. C'est le cas de l'assistance. Si certains travaux en psychologie portent sur les comportements auxquels peuvent donner lieu des activités tutorielles (Bruner, 1983 ; Beaudichon, 1993 ; Rogoff, 1990), d'autres sur les conditions d'émergence de ce type d'activité (Brousseau, 1986), il n'existe pas de modèles rendant compte de l'activité d'assistance dans sa dimension processuelle ; ce qui s'avère nécessaire dans une optique de simulation.

III-2. L'étude GOCAD

Cette étude s'inscrivait dans un projet interdisciplinaire IRMA (Interaction Répartie Multimodale pour le MultimédiA) impliquant l'Ecole Nationale Supérieure de Géologie, l'équipe Dialogue du Centre de Recherche en Informatique de Nancy /LORIA (URA 262) et le GRC-Laboratoire de psychologie de Université Nancy2. Le projet IRMA visait la conception d'une interface intelligente à partir d'une application cible : le logiciel GOCAD (un modeleur de surfaces géologiques développé par l'ENSG). L'objectif était d'intégrer à ce logiciel une interface dotée d'un système d'aide interactif en langue naturelle. Il s'agissait pour le Centre de Recherche en Informatique de Nancy, de concevoir un système informatique, qui intégré à un système de gestion de la langue naturelle, permettrait d'assister un utilisateur novice dans son interaction avec un logiciel. Un utilisateur novice est un utilisateur qui possède quelques connaissances sur les fonctionnalités du logiciel (ce que le logiciel permet de faire), mais aucune connaissance sur la façon en situation d'utiliser ses différentes fonctions.

Il s'agissait alors de concevoir un système qui puisse en langue naturelle à la fois communiquer des connaissances sur les commandes et sur leur utilisation en contexte, tout en contribuant au façonnement d'une interaction homme-machine conviviale.

III-2.1. Une démarche de conception ascendante

Le collectif de chercheurs était donc engagé dans une démarche de conception ascendante. Il s'agissait de mettre en place un dispositif permettant le recueil d'un corpus d'interactions homme-machine où s'est produite l'activité à reproduire. Lorsque j'ai intégré ce programme, le projet d'une démarche de conception ascendante fondée sur la technique du magicien d'Oz était posé. Ma mission était relativement bien établie. Je devais en collaboration avec un informaticien, mettre en place le processus de recueil des données, opérer les passations et transcrire les données. La part qui m'était spécifiquement impartie était d'analyser le corpus de façon à produire une modélisation de l'activité d'assistance. Celle impartie à l'étudiant en informatique était d'intégrer mon modèle de l'assistance à une interface en langue naturelle. Nos travaux respectifs ont chacun, donné lieu à une thèse (Chapelier, 1996 ; Saint-Dizier de Almeida, 1996).

III-2.2. La production des données

Cette étape est déterminante. Elle consiste à créer un dispositif expérimental *via* le contrôle de différents facteurs censés concourir à l'accomplissement de l'activité recherchée.

Il fallait créer une situation d'utilisation d'un logiciel cible fonctionnant avec un langage de commandes dans le cadre d'une interaction homme-machine tutorielle a-didactique. Il s'agissait donc, en reprenant la terminologie de Maïs (1989) d'induire une situation d'action - une situation d'usage finalisé par une tâche. L'activité est ici coopérative.

Pour obtenir une interaction homme-machine, la technique du magicien d'Oz a été utilisée : le participant et compère se trouvent dans une pièce séparée ; on fait croire au participant qu'il interagit avec une machine alors qu'en réalité il interagit avec un humain chargé de simuler une machine.

A travers le choix des acteurs et les consignes qui leur ont été communiquées, une interaction tutorielle a-didactique a été suscitée. Une interaction didactique se distingue d'une interaction a-didactique par l'enjeu de l'interaction et les statuts des partenaires (Brousseau, 1986). Dans le premier cas, l'enjeu est l'apprentissage. Le détenteur du savoir a un statut d'enseignant ; l'autre, un statut d'élève. Dans le second cas, l'enjeu est la résolution - lorsque des connaissances expertes sont communiquées, elles le sont indépendamment d'une intention didactique (Brousseau, 1986). Le détenteur du savoir a un statut d'assistant, l'autre a un statut de résolveur.

III-2.2.1. La définition des tâches

Quatre tâches ont été définies avec les concepteurs du logiciel (qui sont des chercheurs en géologie) de façon à utiliser un maximum de commandes de l'application. Réaliser une tâche avec le logiciel GOCAD consiste, à partir d'un fichier de données, à opérer une succession de commandes qui permettent d'obtenir une bonne visualisation d'une ou de plusieurs surfaces géologiques. La résolution de chaque tâche requiert l'exécution d'une dizaine de commandes formulées dans un langage spécifique ; aussi, des commandes annexes (opérer une rotation, faire un zoom, changer de couleur) peuvent être effectuées pour améliorer la visibilité des surfaces à l'écran. Dans le contexte de travail, pour qu'une commande soit exécutable, il faut qu'elle soit comprise, qu'elle soit complète (ses attributs doivent être fixés dans l'espace de l'interlocution ; par exemple, pour opérer une rotation, il faut préciser le sens de la rotation et le degré de la rotation) et que ses préconditions soient remplies (par exemple, pour afficher les données, il faut que le fichier soit chargé, i.e. fichier chargé est une précondition de la commande <afficher données>). Les participants disposent d'un quart d'heure pour résoudre chaque tâche.

III-2.2.2. La sélection des participants

Huit participants ont été soumis à l'expérience, ce sont des étudiants en 2ème année de géologie, le logiciel étant destiné à cette population d'utilisateurs.
Les deux compères, chargés de simuler la machine, sont des doctorants en géologie et experts du logiciel ; ils ont travaillé en alternance (toutes les demi-heures).

III-2.2.3. Les consignes

Les consignes communiquées aux participants

Nous indiquons aux participants qu'ils sont là pour tester et évaluer un prototype d'interface intelligente. Le mode d'interaction est l'oral et les échanges s'opèrent grâce à un système de micro et de haut-parleur ; nous leur demandons alors de produire leurs commandes oralement. Ils ont à résoudre quatre tâches logicielles et ne doivent prendre qu'un quart d'heure pour la résolution de chacune d'elles. Pour chacune des tâches, ils disposent d'une feuille mentionnant le nom du fichier à charger, l'état final à obtenir et quelques indications sur certaines commandes à effectuer. Ils sont informés qu'après cette résolution, je m'entretiendrai avec eux pour qu'ils puissent exprimer leurs sentiments, émettre un avis et proposer des pistes d'amélioration.

Les consignes communiquées aux compères

Les compères sont impliqués dans le projet IRMA. Ils ont pour consigne de simuler le comportement d'une machine. Ils doivent exécuter les commandes orales des participants et les aider s'ils estiment que c'est nécessaire (par cette formule nous induisons une interaction tutorielle a-didactique : le but n'est pas de faire apprendre, mais d'aider à la résolution). Nous leur demandons également lorsque l'exécution d'une commande prend du temps, de l'indiquer au participant pour maintenir le canal de communication.

Les sessions d'interaction ont été enregistrées puis transcrites. Pour la transcription, nous nous sommes focalisés sur les composants de l'interaction percevables par les partenaires. Nous avons transcrit dans leur temporalité, les productions langagières, relevé la dimension prosodique des productions, noté les silences, précisé lorsque des commandes étaient effectuées.

III-2.3. La validité du corpus

L'étape suivante m'a conduite à évaluer le corpus obtenu, de façon à vérifier qu'il correspondait bien à la réalisation en acte d'interactions homme-machine tutorielles a-didactiques et constituait donc des données pertinentes pour instruire l'activité d'assistance. Les résultats de l'évaluation de la validité apparaissent dans Saint-Dizier de Almeida (2009).

III-2.4. L'analyse de corpus

III-2.4.1. Identification et formalisation des patterns d'assistance

La première étape a consisté à identifier les séquences au cours desquelles l'activité d'assistance s'était produite. J'ai retenu les séquences où des connaissances sur le logiciel GOCAD et son maniement requises par la situation dans le ici et maintenant avaient été communiquées ou accomplies par le compère.

L'étape suivante a été d'analyser et de formaliser les séquences extraites en référence à la théorie des actes de langage et en particulier aux notions de force illocutoire et de contenu propositionnel.

Les forces illocutoires suivantes ont été utilisées :

• O renvoie à une requête d'action : le locuteur demande que l'allocutaire (celui qui écoute et traite le message qui lui est adressé) réalise quelque chose (par exemple le participant énonce : « faire un maillage ») ;

• R renvoie à une requête d'information : le locuteur demande que l'allocutaire lui communique une information (par exemple le participant énonce : « qu'est-ce qu'une cage ? ») ;

• A, à une assertion : le locuteur décrit un état de choses (par exemple, le compère énonce : « maillage effectué ») ;

• C, à un commissif : le locuteur s'engage à faire quelque chose (par exemple, le compère énonce : « je réalise le maillage ») ;

• E, à un expressif : le locuteur exprime son état psychologique (le participant énonce : « merci »).

• x→, renvoie à une demande d'accord (par exemple, le compère énonce : « désirez-vous... ») ;

• x, à un accord (par exemple, le participant énonce : « oui »).

Les commandes (actions logicielles) sont représentées en référence à leur contenu propositionnel de cette façon : (a, b, c,...) ; les états de choses résultant de l'exécution des commandes correspondantes : (a', b', c',...) ; les définitions de commande (a'',...) d'objets (o'') et les actions logicielles sont représentées entre crochets <a, b, c,...>. Ainsi, (a) est une commande produite dans un énoncé, (a') est l'état de choses résultant de la commande (a) et <a> renvoie à la réalisation logicielle de la commande (a) ; (a'') est la définition de l'action (a) ou fournit des informations sur cette action.

Les négations sont notées : ⌐

Cette formalisation m'a permis d'identifier les séquences qui bien qu'exploitant des connaissances différentes, étaient l'accomplissement d'un même pattern.

J'ai identifié au total vingt-sept patterns ; ils sont présentés dans ma thèse (Saint-Dizier de Almeida, 1996). Certains sont des patterns vicariants (Reuchlin, 1990) - les patterns vicariants sont des patterns convocables pour accomplir un même type de connaissance dans des circonstances similaires. Pour l'implémentation, six patterns d'assistance ont été retenus, un pattern par forme d'assistance à faire produire par le système. Ils sont présentés dans Saint-Dizier (1995) et Saint-Dizier de Almeida (1996).

III-2.4.2. Les données nécessaires à la conception du système d'assistance

Concevoir un système qui soit capable d'accomplir les six formes d'assistance identifiées et retenues, nécessite d'apporter des réponses aux trois questions suivantes :

- Quelles sont les connaissances communiquées ?
- Pourquoi sont-elles communiquées ? ⇔ Quel est le travail diagnostic permettant l'identification d'un besoin d'assistance spécifique ?
- Comment l'assistance est-elle produite ? ⇔ Quel est le pattern utilisé ?

L'analyse interlocutoire des séquences a permis d'identifier les connaissances communiquées dans le cadre de l'assistance. Certaines sont plus facilement identifiables que d'autres. Par exemple, identifier une définition d'objet ou d'action est relativement aisé. Deux éléments concourent à cette identification : 1) l'assertion, par laquelle est communiquée la définition, fait suite à une requête d'information à propos de l'objet ou action questionné(a), 2) la structure syntaxique et le contenu sémantique de l'assertion (de la forme : l'objet est ....) caractérisent une connaissance définitionnelle.

D'autres connaissances nécessitent des analyses plus complexes. Par exemple, étudions la séquence qui suit :

S20	O(b)	Interpoler la surface
C21	x→ C(a)	Désirez-vous au préalable que je contraigne la surface ?
S22	x	D'accord
C23	\<a>	\<contrainte de la surface>
C24	A(a')	Surface contrainte
C25	C(b)	Je réalise l'interpolation
C26	\<b>	\<interpolation de la surface>
C27	A(b')	Surface interpolée

L'identification de la connaissance experte suppose une analyse interlocutoire de la séquence exploitant les notions de réussite et de satisfaction des actes de langage et les lois logiques associées, en l'occurrence : $S \rightarrow R$ et $\neg S \rightarrow D \vee R$ (pour rappel, $\rightarrow$ représente l'implication ; $\neg$, la négation, S, la satisfaction (un acte est satisfait lorsque son contenu est devenu vrai du fait de sa direction d'ajustement) ; R, la réussite (un acte réussi est un acte compris qui peut être satisfait) ; D, la défectuosité (un acte

44

défectueux est un acte compris mais non satisfaisable) ; R, l'échec (un acte qui échoue, est un acte qui n'a pas été reconnu dans l'espace de l'interlocution)).

Lorsqu'une séquence est initiée par un acte de la forme O(b), il s'agit de s'enquérir du moment où l'on observe <b> et A(b'), deux éléments qui constituent les traces de la satisfaction de O(b). Si ces deux actions succèdent à O(b), alors cela signifie que O(b) était exécutable au moment où il a été énoncé et que l'assistance était inutile. En revanche si plusieurs actes de langage s'insèrent entre l'émission de O(b) et sa satisfaction, on peut alors avancer que les actes insérés ont pour fonction un travail sur les conditions de réussite de O(b). Ce qui signifie qu'au moment où O(b) a été énoncé, il était défectueux. La séquence subordonnée (C21 à C24) qui s'insère entre l'énonciation de la commande et sa satisfaction a pour objet l'exécution d'une commande qui permettra de faire exister dans l'état courant, l'état de chose (a'). On peut alors en déduire que (a') est une condition préparatoire de O(b) ou dans des termes opératoires, (a') est une précondition de (b).

C'est donc par ce type d'analyse qu'il a été possible d'identifier les différents types de connaissances communiquées par les compères. Ce sont des connaissances terminologiques, des connaissances sur les attributs des commandes, sur leurs préconditions, des définitions d'objets ou de commandes de l'application.

Restituer le travail diagnostic qui permet au compère d'identifier un besoin d'assistance spécifique nécessite une analyse par laquelle on restitue le travail cognitivo-processuel et également une bonne connaissance de domaine de l'application (auquel nous avons été sensibilisés au gré des processus d'analyse et d'entretiens menés auprès des experts de l'application). L'analyse que j'ai conduite ici est plus poussée que précédemment puisqu'il s'agit d'identifier le travail cognitif du compère qui sous-tend l'activation d'un pattern d'assistance particulier. En premier lieu, le compère doit reconnaître relativement au contrat d'interaction que « faire un maillage » est l'expression en acte d'une requête d'action O(b) qui lui est adressée. Il doit poser que l'intention du participant est que son acte soit satisfait. A partir de là, il convoque la règle selon laquelle S de O(b) → R de O(b), et va alors s'enquérir des conditions de réussite de O(b). Pour que O(b) soit réussi, il faut que la commande (b) soit compréhensible, qu'elle soit complète et que ses préconditions soient remplies. Dans le contexte d'interaction, la commande est identifiée car formulée dans le langage de l'application ; ses attributs sont fixés (pour la commande « faire un maillage » il faut préciser la surface sur laquelle appliquer le maillage, en l'occurrence comme il n'y a qu'une seule surface dans le contexte de travail, la commande est considérée comme complète) ; concernant ses préconditions, on note que la commande « faire un maillage » a pour précondition que la surface ait été contrainte. Or une étude de l'état de la tâche en cours révèle que cette précondition n'est pas remplie. Pour qu'elle soit remplie, il faut que soit exécutée la commande : contraindre la surface. Le compère initie alors le pattern d'assistance qui permettra de remplir cette précondition.

Ainsi, pour produire ce type d'assistance, le compère doit mobiliser des connaissances statiques (sur le domaine d'application, sur l'assistance) et des connaissances dynamiques (éléments du contexte, état de la tâche).

	O(b)	Cotexte
Prémisses (si)	(b) formulée dans le langage de l'application	Connaissances de l'application (terminologie)
	O(b) a des attributs	Connaissances de l'application (attributs des commandes)
	les attributs sont fixés	Cotexte + état de la tâche
	(b) a pour précondition (a')	Connaissances de l'application (préconditions des commandes)
	non (a')	Etat de la tâche
Déduction (alors)	Pattern d'assistance X	Connaissances sur l'assistance (procédure) + connaissance sur l'application (connaissance à exploitée)

Tableau 2 : formalisation du travail diagnostic sous-jacent au pattern X

Plus généralement, le traitement cognitif du compère porte sur un élément circonstanciel immédiat, en l'occurrence la production que vient d'émettre le participant (un ordre ou une requête d'information) ou un silence faisant suite à l'exécution d'une commande. Pour traiter ces éléments circonstanciels, le compère utilise comme ressource des connaissances dynamiques et statiques. Le traitement cognitif consiste à transformer la production verbale ou le silence du participant en un indice informationnel. L'indice est dit informationnel car il renseigne sur le type de pattern à utiliser et la connaissance à accomplir.

A chaque pattern d'assistance retenu pour l'implémentation j'ai associé un indice informationnel spécifique et le traitement cognitif nécessaire à son identification sous forme de règles conditionnelles. Ces résultats sont présentés dans Saint-Dizier de Almeida (1997).

Pour chaque forme d'assistance, a été retenu le pattern le plus récurrent qui est représenté sous forme indexicale. Les moyens langagiers utilisés par les compères pour accomplir l'activité d'assistance ont été scrupuleusement reproduits car ils sont au cœur des rapports sociaux qui se sont déployés dans ces interactions et qui ont contribué au façonnement d'une interaction homme-machine tutorielle a-didactique (Saint-Dizier de Almeida, 2009).

Par exemple lorsqu'un indice requérant une assistance visant à remplir la précondition d'une requête d'action des participants est identifié, le pattern activé est le suivant :

Indice informationnel : O(b) avec O(b) défectueux car non a' (or b => a')
PATTERN X :

Désirez-vous au préalable que je réalise (a) ?
Si le participant donne son accord (x) alors poursuite du pattern
<a>
(a) effectuée
Je réalise (b)
<b>
(b) effectuée

C'est à partir de ces résultats d'analyse, que le système informatique a été développé et implémenté. Sa présentation et son évaluation sont développées dans Saint-Dizier (1995), Saint-Dizier de Almeida (1996) et Saint-Dizier de Almeida (1997) ; pour son implémentation, nous renvoyons à Chapelier (1996).

Apport de cette étude

Cette étude montre la pertinence de recourir à une démarche ascendante et d'exploiter l'analyse interlocutoire dans le champ de l'ergonomie des Interfaces Homme-Machine. L'application d'une démarche a consisté à développer un système à partir des résultats de l'analyse d'interactions langagières au cours desquelles l'activité que l'on souhaite simuler s'est produite ; en l'occurrence l'assistance dans le cadre de l'utilisation d'un logiciel fonctionnant avec un langage de commande en situation homme-machine tutorielle a-didactique.

Ce type de corpus n'existant pas dans la nature, une expérimentation a été définie par laquelle différents facteurs ont été contrôlés *via* le dispositif matériel, le choix des participants, la définition des tâches, la formulation des consignes. Par ce contrôle, une situation d'interaction proche de celle où le système à concevoir devra fonctionner, a été suscitée.

Après une étude de validité du corpus transcrit, l'analyse a été opérée. Le focus a été mis sur la contribution de l'assistant dans l'accomplissement de cette production conjointe afin de disposer des éléments nécessaires et suffisants à la conception du système - un système informatique censé assister un utilisateur en situation de résolution de tâche logicielle avec un langage de commande de type GOCAD.

47

Cette étude montre que la logique interlocutoire présente plusieurs avantages. Elle a permis d'une part de formaliser différentes formes d'assistance que l'on dénomme pattern. Elle a permis de modéliser les données à un niveau d'abstraction pertinent pour l'implémentation et elle présente l'intérêt d'être facilement transposable dans un langage de programmation. Aussi, la logique interlocutoire à travers l'étude de l'engendrement conversationnel permet de restituer le travail cognitif sous-jacent à l'activation de l'assistance ; en d'autres termes, le travail diagnostic par lequel le compère identifie une situation requérant une forme d'assistance particulière pour accomplir une connaissance spécifique. Enfin le format langagier (manière de dire) utilisé par le compère pour accomplir l'activité d'assistance a été retenu. Cet aspect de l'interaction est essentiel puisque c'est notamment par ce biais que la dimension relationnelle se construit et va contribuer à la convivialité de l'interaction homme-machine ; en d'autres termes, c'est parce que le système reproduira les moyens linguistiques utilisés par le compère, que prendra forme une interaction homme-machine a-didactique conviviale.

IV- Etude 2 : L'amélioration de l'utilisabilité d'artefacts

> **La communication pour révéler des représentations pour l'action incompatibles avec le fonctionnement de l'artefact**

Cette étude montre l'apport de l'étude des communications interpersonnelles dans le champ de l'ergonomie des logiciels et des manuels utilisateurs.

IV-1. Contexte de la recherche

La démocratisation des nouvelles technologies (micro-informatique, Internet, WAP, etc.) et de l'informatisation des entreprises et des administrations, a conduit les développeurs à travailler à la conception d'artefacts (un artefact est un objet construit artificiellement par l'homme) plus uniquement censé simuler des activités intelligentes (comme les systèmes experts), mais efficaces et utilisables. Un artefact est efficace s'il permet de réaliser ce pour quoi il a été conçu. Il est utilisable si son maniement n'engendre que peu d'erreurs de la part des utilisateurs. Concevoir des artefacts facilement utilisables constitue un enjeu de taille pour les sociétés de conception car l'utilisabilité conditionne dans une large mesure leur succès.

Les ergonomes se sont alors orientés vers le développement de techniques et de méthodologies permettant 1) de concevoir des artefacts utilisables, 2) d'évaluer dans une perspective d'ergonomie de correction, leur utilisabilité avant leur mise en vente sur le marché, 3) et de définir des aides à leur utilisation (manuels utilisateur, sessions de formation…).

L'enjeu essentiel en ergonomie des logiciels est donc de parvenir à une compatibilité cognitive entre l'homme, la tâche et l'artefact (Streitz, 1987). La compatibilité est au cœur de l'utilisabilité : l'artefact sera utilisable si en situation d'utilisation, l'utilisateur mobilise une représentation du fonctionnement de l'artefact compatible avec le fonctionnement effectif de ce dernier. Cette représentation pour l'action[5] que va invoquer l'utilisateur, va lui permettre d'orienter ses actions, de le guider dans ses interactions avec la machine (Norman, 1983). Ces représentations pour l'action vont donc conditionner son interaction avec l'artefact.

Pour concevoir des artefacts utilisables et également conviviaux, agréables à utiliser (ne générant pas de la surcharge cognitive), plusieurs alternatives sont disponibles. Je les développe dans Saint-Dizier de Almeida (2003).

---

[5] La notion de représentation pour l'action a été proposée par Weill-Fassina, Rabardel et Dubois (1993). Cette notion renvoie également à la notion de modèle mental telle que développée par Norman (1983) et à la notion d'image opérative développée par Ochanine (1978).

Pour synthétiser, on peut appliquer les recommandations, principes ou critères ergonomiques issus de recherches scientifiques (Wright & Lickorish, 1990 ; Sweller, Chandler, Tierney, & Cooper, 1990 ; Scapin & Bastien, 1997 ; Caro & Bétrancourt, 1998, Tricot, 2003). La prise en compte de ces recommandations participe à la conception d'artefacts compatibles avec les capacités perceptives et cognitives (charge mentale) d'un individu " normal ". On peut intégrer des « modèles utilisateurs » aux artefacts (Brangier, 1991), leur conception repose sur la référence à un utilisateur épistémique, c'est-à-dire un utilisateur normatif idéal. On peut impliquer l'utilisateur dans le processus de conception (Schneiderman, 1997 ; Erksine, Carter Tod, & Burton, 1997 ; Grégori, 1999). Enfin, on peut étudier l'activité des utilisateurs (étude des mouvements oculaires, des potentiels électriques cérébraux...) en situation d'utilisation de l'artefact (Baccino, Bellino, & Colombi, 2005).

IV-2. L'étude PIC

L'étude PIC (Processus Interactif de Conception distribuée) soutenue par le GIS Sciences de la Cognition impliquait différentes équipes de recherche représentant des champs disciplinaires différents : la linguistique, la psychologie, l'intelligence artificielle distribuée.

Il s'agissait d'appliquer le paradigme de l'ingénierie concourante pour la conception d'un manuel utilisateur censé renseigner le fonctionnement d'un logiciel.

Classiquement, dans les années 90, le processus de conception de la documentation utilisateur s'articule autour de trois grandes étapes successives (Andrès, Gallouïn, Lafitte, & Lehéricy, 1996) : 1) un transfert de connaissances entre les concepteurs/développeurs du produit à documenter et les rédacteurs. Cette phase consiste pour le développeur à présenter les différentes fonctions du logiciel, menu par menu, écran par écran, fonction par fonction, en respectant quelques contraintes chronologiques imposées par le logiciel, 2) une définition d'un modèle de document par les rédacteurs et les utilisateurs prenant en compte, grâce à l'utilisation de questionnaires, les attentes des lecteurs en matière de mise en forme, leur niveau de connaissance *a priori* sur le produit, leur niveau de connaissance technique, etc., 3) une synthèse par le rédacteur des informations recueillies pour concevoir la documentation.

Les deux premières étapes sont conduites de façon indépendante.

Ce processus ne permet pas de développer une documentation qui puisse résoudre les difficultés que les utilisateurs rencontrent en situation d'utilisation (Saint-Dizier de Almeida & Gallouïn, 1998).

IV-2.1. Le dispositif de recueil de données

Le dispositif développé par l'équipe consiste donc à mettre en coprésence autour du produit logiciel à documenter, dès l'étape de la conception de la documentation utilisateur, le concepteur/développeur du produit, un utilisateur et un rédacteur. L'objectif de la séance de travail est de concevoir collectivement la maquette d'un manuel utilisateur.

Les trois partenaires sont invités à se rencontrer pour une séance de travail pendant laquelle un ordinateur sur lequel est implanté le logiciel est à leur disposition. Le produit est le logiciel «IUTNotes» : c'est un logiciel qui a pour but de gérer la scolarité des étudiants d'un IUT (cursus scolaire antérieur, gestion des notes, des absences et des diplômes, devenir professionnel des étudiants, suivi des stages). L'utilisatrice est une secrétaire d'un IUT de Caen qui utilisera le logiciel en question dans le cadre de sa profession. Avant la session, le rédacteur n'a aucune connaissance sur le logiciel IUTNotes.

IV-2.2. Les objectifs de recherche

Les objectifs étaient divers et relatifs au champ disciplinaire des chercheurs. Les chercheurs en informatique linguistique ont notamment procédé à l'étude des processus de référenciation et de catégorisation, les chercheurs en psychologie de Caen ont procédé à l'étude des activités communicatives accomplies et à leur répartition sur les participants, les chercheurs en psychologie nancéens ont procédé à l'étude de la construction collective en prenant en considération l'ancrage de cette activité dans l'environnement. Les résultats des travaux sont consultables (Nicolle, Saint-Dizier de Almeida, Beust, Jacquet, & Brassac, 2003).

A priori mon objectif était d'améliorer le processus de conception du rédacteur et/ou le produit conçu en lui-même.

IV-2.3. Etude du corpus

Une première étude du corpus m'a permis de cerner deux périodes dans le cours de cette activité collective. Au cours de la première, l'ordinateur est en état de veille ; au cours de la seconde, la secrétaire (future utilisatrice) manipule le logiciel en essayant d'appliquer les consignes et instructions émises par le développeur relatives au fonctionnement et au maniement du logiciel. Cette seconde période dans le processus interactionnel a attiré mon attention. J'envisageais cette situation d'interaction instrumentalisée comme un moyen d'accéder aux difficultés que pourraient rencontrer les futurs utilisateurs. Ces difficultés seraient les révélateurs d'inadéquations entre la représentation du fonctionnement de l'artefact invoquée en situation par l'utilisatrice et le fonctionnement effectif de l'artefact. Je posais alors que l'analyse des séquences d'interaction au cours desquelles allaient se révéler ces difficultés allait permettre de recueillir des informations sur les connaissances mobilisées par l'utilisatrice s'avérant inappropriées en contexte et sur celles qui auraient dû être invoquées *in situ* ; des informations utiles pour la conception d'une documentation visant à prévenir ce type de difficultés et ainsi pouvoir concourir à une meilleure compatibilité cognitive entre l'utilisateur, la tâche et l'artefact (Brangier, 1991).

IV-2.3.1. Extraction des séquences témoignant de difficultés

Posant que les difficultés d'utilisation allaient se matérialiser discursivement sous la forme d'hésitation, d'étonnement, de désaccord, d'incompréhension…, j'ai extrait et analysé les séquences du corpus comportant ces indicateurs. L'analyse interlocutoire des séquences retenues m'a permis de restituer le travail cognitif des partenaires et notamment celui de l'utilisatrice ; plus exactement, il s'agissait d'identifier les connaissances et raisonnements pouvant expliquer les productions langagières de l'utilisatrice. L'analyse interlocutoire des séquences a permis d'identifier la source et la nature des problèmes rencontrés. J'ai pu noter que la plupart des difficultés est causée par des méconnaissances sur le fonctionnement du logiciel ou par l'exploitation de connaissances erronées ou inappropriées au contexte de travail, quelques-unes sont dues à des aspects de l'interface que l'utilisatrice ne perçoit pas.

IV-2.3.2. Illustration à travers l'analyse d'une séquence

Pour illustrer la façon dont l'analyse a été conduite, je propose à ce niveau l'analyse d'une séquence extraite du corpus. L'analyse a été publiée dans (Saint-Dizier de Almeida et Gallouïn, 1998).

C1 : mhh gestion des fiches enseignants
U2 : y a pas d'enseignants là alors
C3 : clique sur personnel
U4 : ah sur personnel je pensais
C5 : ouais
U6a : c'était dans la liste
U6b : alors tu rentres euh un enseignant
C7 : mhh
U8 : donc euh y faut aller dans la liste
C9 : non

U10 : non
C11 : tu restes dans personnel
U12 : toujours dans personnel ah oui
C13 : c'est la fiche, c'est comme la fiche

Légende : C renvoie au concepteur du logiciel ; U, à l'utilisatrice (secrétaire qui devra utiliser le logiciel dans le cadre de sa profession) ; C1 est la première intervention de la séquence ; U6a renvoie au premier acte de langage produit dans le cadre de la sixième intervention.

Cette séquence a été retenue car elle comporte deux indicateurs de difficulté. Le « ah » suivi de « je pensais » produit *via* U4 est considéré comme un indicateur car il exprime dans l'espace de l'interlocution un étonnement suscité par un « état » qui ne correspond pas à ce qu'attendait l'utilisatrice. L'expressif « non » produit en C9 est également considéré comme un indicateur. Il s'agit dans ce contexte d'un indicateur de désaccord ; *via* C9, le développeur s'oppose à une intention d'action de l'utilisatrice que celle-ci a exprimée en U8.

Contexte de la séquence

La séquence apparaît au cours de la phase de maniement du logiciel par l'utilisatrice, phase au cours de laquelle l'utilisatrice essaie d'exécuter les instructions du développeur pour utiliser telle ou telle fonctionnalité du logiciel. En l'occurrence, la séquence se rapporte à la « gestion des fiches enseignant ».

Les résultats de l'analyse interlocutoire

La séquence est initiée par le développeur qui annonce l'ouverture d'une phase consacrée à la gestion des fiches enseignant. L'utilisatrice enchaîne par un assertif décrivant un état de choses par laquelle elle communique littéralement qu'il n'y a pas d'enseignants. Le développeur en informant sur la première action logicielle à effectuer : « clique sur personnel », traite l'acte de l'utilisatrice, comme une requête d'information sur la procédure à appliquer pour <rentrer un enseignant>. Cette première action à effectuer va susciter un étonnement de la part de l'utilisatrice. Ce que lui propose de faire le développeur, n'est pas ce à quoi elle s'attendait. Avant qu'elle ne puisse exprimer ce à quoi elle s'attendait, le développeur confirme qu'il s'agit bien de l'action à effectuer, implicitement il communique qu'il ne commet pas d'erreur en proposant cette action. Elle va poursuivre son propos en U6a en expliquant qu'elle s'attendait à devoir aller dans la liste et pas à faire autre chose.

Pour comprendre l'étonnement de l'utilisatrice et ses propos, il nous faut restituer des connaissances sur le fonctionnement du logiciel produites au cours de la première période.

Durant cette première période, le développeur a communiqué les informations suivantes.

Avec le logiciel IUTNotes, deux types d'action sont possibles : celles qui transforment la base de données et celles qui ne modifient pas la base de données. Pour réaliser les premières, il faut se mettre en mode fiche ; pour réaliser les secondes, il faut se mettre en mode grille. En d'autres termes, « créer », « ajouter », « modifier », « supprimer » ont pour précondition (se mettre en mode fiche) ; « consulter », « faire une recherche » ont pour précondition (se mettre en mode grille).

Ce mode de fonctionnement a été présenté comme étant LE mode de fonctionnement du logiciel. On comprend alors l'étonnement de l'utilisatrice, étonnement qui résulte d'une inadéquation entre ce qu'elle pense devoir faire et ce qu'il faut faire dans ce contexte de travail. Elle s'attend à devoir se mettre dans un mode particulier, or on lui demande de faire une autre action.

Arrêtons-nous maintenant sur la façon dont l'utilisatrice désigne le mode en question. Elle évoque un mode « liste ». Notons que ce terme n'existe pas dans le langage de l'application où il est question uniquement du mode fiche ou du mode grille. Le mot « liste » a toutefois été utilisé au cours de cette séance par l'utilisatrice pour s'approprier la signification du mode fiche ; une désignation que le concepteur avait trouvé cohérente : « (...) la grille, c'est juste une liste en fait, on ne peut pas intervenir dessus (...) ». Dans ce contexte antérieur, le mot liste avait donc été utilisé pour désigner, qualifier le mode grille.

On peut déjà constater la difficulté de l'utilisatrice à mémoriser la terminologie de l'application : elle évoque le mode liste qui ne fait pas partie de la terminologie du domaine de l'application.

En outre, notons qu'ici elle ne fait pas référence au bon mode. Car si on pose l'équivalence entre liste et grille ; dans le contexte de la tâche, il s'agit de créer, donc de modifier la base de données et c'est alors au mode fiche que l'utilisatrice aurait dû faire référence. Ceci montre que l'association adéquate des modes aux actions pose également des difficultés à l'utilisatrice. Leur mémorisation n'est pas aisée.

Après avoir justifié son étonnement, l'utilisatrice propose de revenir à la tâche [rentrer un enseignant] et propose *via* U8 de [se mettre en mode liste]. Le concepteur *via* C9 s'oppose à la proposition d'action de l'utilisatrice. L'utilisatrice enchaîne également par un « non » qui va être traité par le concepteur comme une demande d'éclaircissement. Par la requête « Tu restes dans personnel », le concepteur va communiquer que <personnel> n'est pas un état intermédiaire mais c'est l'état but pour réaliser l'action [rentrer enseignants]. Cela revient à communiquer que (être dans personnel) est la précondition de l'action [rentrer enseignants]. En C13, le développeur justifie ses propos en posant explicitement l'équivalence fonctionnelle entre (être dans personnel) et (être en mode fiche). Nous avons donc affaire ici à l'émergence et à la dissolution d'un malentendu. Le malentendu se met en place dans le traitement interprétatif que l'utilisatrice fait de C3. Pour l'utilisatrice, la situation dans laquelle elle se trouve est exceptionnelle, car si traditionnellement pour opérer des ajouts, des créations, il faut se mettre dans un mode particulier, lorsqu'il s'agit de travailler dans le champ « gestion des personnels enseignants », il faut, avant de se mettre dans un mode particulier, avoir cliqué sur personnel.

Ainsi, pour l'utilisatrice, l'action <rentrer personnel> aurait deux préconditions devant être remplies successivement : 1) se mettre dans personnel, 2) se mettre en mode X. La connaissance invoquée par l'utilisatrice est erronée. Les propos du développeur dans le cours de l'interlocution n'ont pas été suffisants pour que d'emblée l'utilisatrice invoque la règle de fonctionnement appropriée, à savoir : l'action <rentrer personnel> a une seule précondition : se mettre dans personnel. L'ambiguïté se révèle *via* U8 et sera dissoute au cours des trois derniers tours de parole, notamment lorsque le développeur établit l'équivalence fonctionnelle entre (cliquer sur personnel) et (se mettre en mode fiche).

Cette analyse révèle que l'utilisatrice a assimilé qu'avec le logiciel IUTNotes, pour réaliser des actions logicielles, il faut au préalable se mettre dans un mode particulier. Elle a des difficultés à mémoriser la terminologie employée pour la désignation des modes de l'application. Elle éprouve des difficultés à mémoriser à quel type de mode doit être associé tel type d'actions.

L'analyse de cette séquence ainsi conduite donne des informations pour décrire de manière moins ambiguë le fonctionnement du logiciel IUTNotes. Les connaissances pourraient être formulées de la manière suivante :

Avec le logiciel IUTNotes, deux types d'action sont possibles :
Les actions qui transforment la base de données (créer, ajouter, modifier, supprimer) et celles qui ne modifient pas la base de données (consulter, faire une recherche).
- Pour réaliser les premières (créer, ajouter, modifier, supprimer), il faut au préalable se mettre en mode fiche;
- pour réaliser les secondes (consulter, faire une recherche), il faut au préalable se mettre en mode grille.
Exception : cette règle ne fonctionne pas pour la gestion des fiches enseignant.
Pour transformer la base de données (créer, modifier, ajouter, supprimer), il faut au préalable cliquer sur personnel.
Cliquer sur personnel équivaut à se mettre en mode fiche.

Apport de cette étude

L'étude menée montre que l'analyse interlocutoire des séquences présentant des indicateurs d'hésitation, d'incompréhension, de désaccord,... permet d'identifier des difficultés d'utilisation et surtout d'accéder aux causes de ces difficultés. Souvent ces difficultés sont dues à des représentations pour l'action invoquées par l'utilisatrice qui sont incompatibles avec le fonctionnement effectif de l'artefact. L'analyse fournit également des indications sur la façon de communiquer ces connaissances..

Suite et à partir de cette étude, mon projet a été de développer une méthodologie visant à améliorer l'utilisabilité d'artefacts. Une méthodologie permettant de recueillir des données pour la conception de fiches utilisateurs (des documents brefs sur un format A4 restituant les aspects logiciels susceptibles de causer des difficultés aux futurs utilisateurs) mais également, lorsque cela est possible, pour améliorer les artefacts eux-mêmes. La méthodologie mise au point repose sur plusieurs exigences :

• solliciter au moins deux acteurs (où au moins l'un d'entre eux est un futur utilisateur),

• les placer en situation d'utiliser l'artefact ; pour cela il convient de définir au préalable des tâches logicielles représentatives de celles qu'ils devront réaliser dans le cadre de leur profession,

• leur demander de résoudre les tâches et leur préciser qu'ils devront s'accorder sur toute action logicielle à effectuer,

• s'assurer de la disponibilité du développeur pour qu'il puisse intervenir lorsque les utilisateurs ne parviennent pas à dépasser une difficulté.

Les modalités (le statut des acteurs, les consignes d'interaction, les tâches soumises) peuvent fluctuer en fonction des contraintes de la Société, du type de produit à documenter ou à améliorer. Mais il est impératif que l'utilisateur soit placé dans une situation où, et de manière simultanée, il doit d'une part, utiliser l'artefact à améliorer ou à documenter et d'autre part, interagir avec un partenaire par le biais de l'usage du langage naturel.

La mise en situation d'utilisation de l'artefact permet de révéler des difficultés opératoires. Les consignes d'interaction (s'accorder sur chaque action à réaliser) conduisent les interlocuteurs à justifier, expliquer, argumenter leur choix actionnel. Ainsi, les interactions langagières fournissent des données à partir desquelles il est possible, grâce à l'analyse interlocutoire, d'accéder aux connaissances et raisonnements mobilisés pouvant être inadéquats, inappropriés au contexte de travail. Pour opérer ces identifications, il convient de prêter attention aux phénomènes d'hésitation, d'exaspération, d'incompréhension, de désaccord... qui peuvent être des révélateurs de difficultés opératoires. En outre, l'étude des séquences dans lesquels ces révélateurs sont imbriqués permet de recueillir des informations instruisant sur la façon de présenter les connaissances et avec quel niveau de précision.

Ainsi l'objectif de ce processus méthodologique est d'améliorer l'utilisabilité des artefacts en corrigeant des interfaces et/ou en fournissant une documentation qui permettra aux utilisateurs de se construire des représentations pour l'action compatibles avec le fonctionnement effectif des artefacts.

J'ai enseigné la pratique de cette méthodologie aux rédacteurs de la société Métaphora (société de création de logiciel et manuel) et nous l'avons utilisée pour améliorer des produits développés par les agences du GAN dans le cadre du projet Ariane 2000 (Devillard, Galloüin, & Saint-Dizier de Almeida, 1998). Elle a été utilisée pour corriger un système d'Enseignement Assisté par Ordinateur et un manuel utilisateur existant et pour concevoir de la documentation utilisateur (sous forme de fiche A4) pour trois logiciels non révisables.

Par cette étude, j'ai pu montrer l'efficacité de cette méthodologie (basée sur le recueil et l'analyse d'interactions langagières produites en situation instrumentalisée) dans le champ de l'ergonomie des logiciels. Elle permet d'approcher les représentations pour l'action, incompatibles avec le fonctionnement de l'artefact, et ainsi permet d'envisager la correction des artefacts eux-mêmes ou la conception de manuels utilisateurs préventifs.

V- Etude 3 : La conception d'une formation singulière

> **La communication comme ressource pour instruire sous différents angles et de manière singulière une activité professionnelle dans une optique de sensibilisation/formation**

Cette étude montre 1) l'intérêt de recourir à la simulation de situations lorsque des contraintes empêchent l'accès aux données naturelles, 2) que l'étude des interactions langagières sous différents angles fournit la ressource pour concevoir des formations originales.

V-1. L'étude Info-patient

Cette étude a été commanditée par la ligue contre le Cancer *via* le Centre Alexis Vautrin (centre hospitalier en cancérologie de Nancy) et le Vidéoscope (service multimédia de l'Université Nancy2). Elle vise la conception d'une formation à l'entretien d'annonce de diagnostics médicaux délicats. Plus précisément, il s'agit de compléter les dispositifs de formation actuels en proposant la conception d'un site Web apportant « des connaissances aux étudiants en médecine, à leurs enseignants et plus généralement à l'ensemble des soignants afin de leur permettre d'approfondir leur réflexion personnelle sur la relation médecin-patient » (formule utilisée sur la page d'accueil du site). Dans ce cadre, j'ai travaillé à la conception d'une rubrique consacrée à l'entretien d'annonce de diagnostics sérieux. Il s'agissait donc de développer une prescription – i.e. en didactique professionnelle, une prescription est une construction destinée à cadrer l'activité, à orienter certaines de ses manifestations, c'est un produit destiné à devenir l'objet d'une formation (Mayen & Savoyant, 2002). La commande à satisfaire était relativement ouverte : développer un contenu singulier sur l'entretien d'annonce de diagnostics délicats. C'est au gré du processus de conception - à travers l'étude des formations existantes, des recherches sur l'entretien médecin-patient, d'entretiens… - que cette commande a pris davantage corps (Saint-Dizier de Almeida & Agnoletti, 2015a).

Au moment de mon intégration dans le projet, le site est en cours de construction. Il comporte quatre rubriques. La première, intitulée « Qui doit la loi ? »[6], est consacrée à la législation et la réglementation ; la deuxième, intitulée « Communiquer », traite notamment des mécanismes de défense qui peuvent prendre place chez les patients et chez les médecins ; la troisième, « Environnement », informe sur les médias, les associations de patients, les réseaux de santé ; la quatrième, « Situation pratique »,

---

[6] Les formulations entre parenthèses sont celles littéralement employées au niveau du site.

donne des informations générales sur les pathologies, les besoins et attentes des patients. Les ressources qui alimentent le site sont des extraits de la législation, des productions écrites ou des interviews de médecins et d'une psychologue en oncologie reposant sur leur expérience professionnelle et/ou la littérature.

Au départ, la mission confiée visait la conception d'une cinquième rubrique traitant de la communication interpersonnelle en général. Guère convaincue de l'attractivité d'un tel contenu, j'ai suggéré d'aborder la communication interpersonnelle, non pas d'une manière générale, mais telle qu'elle prend forme dans des contextes d'annonce de diagnostics sérieux.

Cette option requiert de disposer d'entretiens médecin-patient produits en situation d'annonce de diagnostics sérieux et « correctement » conduits conformément à la législation en vigueur et aux préconisations de l'Agence Nationale d'Accréditation et d'Evaluation en Santé (ANAES) et de la Haute Autorité en Santé (HAS)[7]. Pour obtenir des données qui correspondent au plus près à nos attentes, j'ai proposé de procéder à des simulations de situation (Béguin & Weill-Fassina, 1997) fondées sur la technique des jeux de rôle. Cette option méthodologique a particulièrement été bien accueillie. J'ai alors pu obtenir des fonds pour le financement d'une stagiaire en master de psychologie du travail et d'un vacataire qui allaient m'aider pour cette entreprise.

Au terme de cette négociation, il s'agissait donc de concevoir une rubrique présentant ce que devrait être un entretien d'annonce de diagnostics conforme à la législation. Il fallait aussi que le contenu de la rubrique soit singulier comparé au contenu des formations actuelles. Au niveau de la forme, la rubrique devait présenter un contenu court, rapidement consultable, accessible au public ciblé (les soignants et les étudiants en médecine) et respectant les recommandations ergonomiques en matière de documents électroniques multimédias.

V-2. Une acculturation aux formations classiques

L'étude des ouvrages pédagogiques et des supports de formation utilisés dans le cursus en médecine a permis d'identifier, qu'en règle générale, le contenu des formations à l'entretien s'organise autour de quatre grands thèmes.

1. Les décrets figurant dans le code de la santé publique, le code de déontologie médicale, la jurisprudence qui se rapportent à l'obligation de recueillir le consentement libre et éclairé du patient.

---

[7] En 2004, l'ANAES est remplacée par la HAS. Nous faisons ici référence au rapport de l'ANAES produit en mars 2000 : « Information des patients : recommandations destinées aux médecins » http://www.sfmu.org/documents/consensus/rbpc_info_pts.pdf et à celui de la HAS produit en 2008 : « annoncer une mauvaise nouvelle » http://www.has-sante.fr/portail/upload/docs/application/pdf/2008-10/mauvaisenouvelle_vf.pdf

2. Les mécanismes de défense des patients (déni, régression, isolation, déplacement, projection agressive) et ceux des médecins (mensonge, fausse réassurance, fuite en avant, rationalisation, esquive, banalisation, identification projective) – mis en évidence par Ruszniewski (2004).

3. La complexité de l'activité d'annonce. Il n'est possible de fournir des recettes à appliquer au cas par cas (Feldman-Stewart, Brundage, Tishelman, & the SCRN Communication Team, 2005 ; Parker, Davison, Tishelman, & Brundage, 2005) compte tenu d'une part de la diversité des patients et de leur point de vue (Schofield, Beeney, Thompson, Butow, Tattersall, & Dunn, 2001 ; Edvardsson, Pahlson, & Ahlstrom, 2006 ; Hoff, Tidefelt, Thaning, & Hermeren, 2007) et d'autre part de la complexité de la communication interpersonnelle en général.

4. La conduite de l'entretien d'annonce. On précise quels sont les comportements à promouvoir et ceux à proscrire. Deux formats pédagogiques sont utilisés. Les enseignements magistraux qui se basent sur des ouvrages (par exemple, Pouchain, Attali, de Bulter, Clément, Gay, & Molina et al., 1996 ; Buckman, 2001 ; Tate, 2005 ; Iandolo, 2006) et les formations qui reposent sur des techniques d'enseignement interactives, comme les jeux de rôle, par exemple Cuenot et ses collègues (2005) ou le programme 'Communication Skills Training' (Butow, Cockbum, Girgis, Bowman, Schofield, & D'Este et al., 2008).

V-3. Le recueil de données

Pour le recueil d'un corpus de données, j'ai donc opté, en accord avec le collectif, pour la simulation de situation (Béguin & Weill-Fassina, 1997).

L'intérêt de la simulation de situation est de pouvoir contrôler certains facteurs, comme le choix des médecins, les caractéristiques du patient simulé (son âge, son sexe, son train de vie, sa personnalité) et le type de pathologie à annoncer. Par ce contrôle, il s'agit de créer des situations d'annonce pertinentes dans une optique de formation.

V-3.1. La définition des situations de simulation

La littérature pose que le processus d'annonce résulte de différents facteurs, nous avons entrepris d'identifier ces facteurs : à travers l'étude de la littérature et l'analyse d'entretiens conduits auprès de médecins.

Chaque entretien comportait trois phases. Au cours de la première, le médecin devait mentionner les facteurs dont il pense qu'ils interviennent dans la façon d'annoncer un diagnostic. Les facteurs les plus récurrents sont les suivants : le « type de médecin » (centré sur la relation *versus* centré sur la technique), la connaissance du patient (nouveau patient *versus* patient connu de longue date), la personnalité du patient (généralement anxieux *versus* peu enclin à l'inquiétude). Au cours de la deuxième phase, le médecin devait restituer une ou plusieurs situations d'annonce de diagnostic lourd vécues et d'expliquer comment il avait procédé. L'étude des récits a permis d'identifier des facteurs dont certains n'avaient pas été restitués au cours de la phase précédente. Par exemple, le fait que le patient soit bien entouré ou non, n'a pas été évoqué spontanément. Enfin, en troisième phase les facteurs identifiés dans la littérature et non encore abordés lui étaient soumis et il lui était demandé si ces facteurs, selon lui, intervenaient ou non dans le processus. On leur demandait par exemple si la médiatisation de la maladie (facteur non évoqué dans les phases précédentes) avait une incidence sur le processus d'annonce.

Les facteurs les plus fréquemment mentionnés et/ou jugés déterminants ont été retenus. Les modalités de ces facteurs ont été déclinées et combinées pour aboutir à une trentaine de situations d'annonce. Ces situations ont été soumises à des médecins qui avaient pour consigne de retenir trois situations qui seraient pour eux pertinentes dans le cadre d'une formation à l'entretien d'annonce de diagnostics. Les trois situations qui sont ressorties ont été soumises aux professeurs en médecine impliqués dans l'étude, qui les ont affinées et justifiées – leurs justifications apparaissent ci-après pour chacune des situations.

Pour cette première étape, j'ai donc travaillé avec une étudiante stagiaire en master 2 financée par la ligue contre le cancer. Nous avons défini le protocole d'investigation ensemble et c'est elle qui a conduit les entretiens auprès des médecins et a fait l'analyse qui a permis de dégager les facteurs à considérer pour la mise en place des protocoles d'interaction.

Les trois situations suivantes ont été retenues :

• une sclérose en plaque (SEP) suspectée chez une jeune mère célibataire. *Justifications* : la SEP permet d'aborder le cas des pathologies dont on ne peut prévoir le devenir (la situation peut se stabiliser ou aller jusqu'à la paralysie). L'annonce est d'autant plus délicate dans la situation où la patiente vit seule, a en charge un enfant en bas âge et ne peut compter sur des proches pour l'aider à gérer sa vie quotidienne. Le médecin se trouve dans la situation où il doit répondre à une patiente préoccupée par son devenir et celui de sa fille, tout en ne la projetant pas dans le schéma le plus négatif, sachant que la situation la plus pessimiste n'adviendra peut-être jamais.

• un cancer de la prostate chez un homme jeune fataliste. *Justifications* : un cancer de la prostate chez un homme jeune n'est pas de bon augure (les statistiques révèlent que les chances de guérison sont moindres que pour les patients plus âgés) et nécessite une prise en charge rapide et un traitement lourd. Le médecin se trouve confronté à un dilemme : d'un côté, prendre le temps, ne pas brusquer le patient et de l'autre, l'engager rapidement dans un processus de soin. La situation est d'autant plus complexe que l'engagement rapide dans le processus thérapeutique est très difficile à obtenir lorsque le patient est fataliste et ne veut pas d'emblée s'engager dans les soins.

- un diabète chez une femme d'âge mûre, bonne vivante et peu observante. *Justifications* : le diabète n'est pas en soi un diagnostic grave mais on peut le qualifier de sérieux car il peut déboucher sur des maladies graves si le régime prescrit n'est pas suivi. Ce type d'entretien est particulièrement complexe à gérer lorsque le médecin a affaire à des patients bons vivants qui n'ont jamais été rigoureux dans la prise de leurs médicaments. Dans ce contexte, la difficulté pour le médecin est de trouver les moyens pour susciter de l'observance. Il se trouve là aussi face à un dilemme : alarmer pour susciter de l'observance/ne pas trop alarmer car le diabète en soi n'est pas une maladie grave.

V.3.2 L'opérationnalisation

V-3.2.1. Le choix des participants

Pour optimiser les chances d'obtenir des entretiens d'annonce correctement conduits, les médecins impliqués dans les jeux de rôle ont une grande expérience en matière d'annonce (ce sont des médecins en fin de carrière) et ils estiment avoir de l'empathie et savoir gérer les émotions des patients. Ces médecins savent que leurs comportements serviront de modèle pour conduire l'étude et alimenter la rubrique.

Le rôle de patient est pris en charge par un étudiant en fin de cursus de psychologie, celui de patiente par une psychologue exerçant dans un service d'oncologie. L'étudiant joue le rôle du jeune patient atteint d'un cancer, la psychologue celui de la femme atteinte d'une SEP et de celle de la femme non observante qui a un diabète.

V-3.2.2. Les consignes communiquées

Les médecins reçoivent des informations sur le cas clinique, le(la) patient(e) et à quel niveau du processus s'inscrit l'entretien (les examens déjà effectués). Les acteurs jouant le rôle des patients ont quelques indications sur la situation et sur la façon de se comporter de manière à ce qu'ils puissent se mettre dans la peau de leur personnage.

Pour la SEP

Consigne médecin : « vous suivez la patiente que vous recevez maintenant depuis des années au cours desquelles se sont produits plusieurs épisodes « bizarres ». Lors d'une auscultation, vous avez soupçonné sérieusement une SEP chez votre patiente. Vous avez prescrit des examens. Vous venez de recevoir les résultats. Ils confirment vos inquiétudes. Vous lui avez téléphoné pour venir parler de ces résultats, sachant que le spécialiste n'a pas évoqué le diagnostic. »

Consigne patient : « vous avez subi des examens et les résultats confirment le diagnostic de SEP. Le médecin au cours de l'entretien va vous parler de ces examens et du diagnostic. Vous avez tout d'abord une phase de sidération, vous restez sans mot face à cette nouvelle. Vous connaissez un peu cette maladie par sa médiatisation. Les questions qui vous préoccupent le plus sont de savoir si vous allez finir ou non en fauteuil roulant et comment va évoluer la maladie à long terme. Vous vous inquiétez également de savoir si vous allez avoir une vie normale, vous marier, avoir d'autres enfants. »

Pour le diabète

Consigne médecin : « vous venez de recevoir des résultats du labo qui indiquent du diabète chez une de vos patientes que vous savez négligente, vous lui avez téléphoné pour venir parler de ces résultats (que la patiente a reçus à son domicile) »

Consigne patiente : « vous venez de recevoir les résultats d'un bilan sanguin, votre médecin vous a donné RDV pour discuter des résultats. En règle générale, vous avez tendance à être négligente dans la prise de traitement (2 jours de prise puis abandon ou pas de prise du tout). Le médecin va vous annoncer que vous avez du diabète : cette nouvelle vous inquiète un peu, « les résultats ne sont pas si mauvais que ça », « de toute façon ce n'est qu'un petit diabète ». Le médecin peut être amené à parler des conséquences à long terme d'une mauvaise observance du traitement mais vous ne vous sentez pas concernée. Face à d'éventuelles remontrances du médecin, vous êtes d'accord pour essayer de faire un effort, mais il y a toujours une occasion qui vous en empêche (fêtes de fin d'année, mariage…) »

Pour le cancer de la prostate

Consigne au médecin : « vous venez de recevoir les résultats de l'urologue (différents examens ont été opérés : toucher rectal, analyse de sang, …) qui indiquent un cancer de la prostate chez un de vos patients d'une quarantaine d'année qui l'ignore. Il vient vous voir sur les conseils de l'urologue avec une enveloppe à vous remettre. »

Consigne au patient : « Une annonce de diagnostic délicat va vous être annoncée. Vous avez tout d'abord une longue phase de sidération, vous restez sans mot face à cette nouvelle. Vous êtes très inquiet et plutôt fataliste : « de toute façon c'est comme ça, je ne veux pas me faire opérer, je veux rien faire, laissez-moi, dites-moi pour combien de temps j'en aurai... ». Vous n'avez pas très envie d'en discuter aujourd'hui, vous demandez à revenir avec votre femme. »

Ces trois situations d'annonce ont été soumises à trois dyades. Nous avons obtenu dix entretiens[8].

L'étudiante en master s'est occupée de la mise en œuvre des jeux de rôle, de leur enregistrement et une part de leur transcription. Le vacataire a transcrit les entretiens restants.

Je me suis occupée d'estimer leur validité et d'opérer leur analyse (Saint-Dizier de Almeida, 2013a).

V-4. L'étude du corpus de données

V-4.1. Un scénario flexible

L'analyse structuro-fonctionnelle de l'activité qui a consisté ici à scinder chaque entretien en différentes phases successives a révélé que les entretiens ne sont pas l'application stricte du scénario médical tel qu'enseigné aux étudiants de médecine (Cosnier, 1993). On observe une récurrence des différentes phases de l'entretien. A titre illustratif, étudions un des entretiens conduits avec la patiente souffrant d'un diabète. L'analyse de contenu de l'entretien a permis de distinguer 5 types de phase :

P1 : présentation et interprétation du bilan sanguin

P2 : Inventaire des causes/facteurs expliquant le taux de glycémie

P3 : Présentation de la maladie

P4 : Gestion des émotions

P5 : Formulation de conseils.

Si on avait affaire à un entretien reflétant l'application strict d'un scénario, on aurait dû obtenir la succession suivante : P1>P2>P3>P4>P5. Or ce sont ces phases qui se sont succédé au gré de l'entretien : P1>P4>P2>P4>P2>P4>P3>P4>P1>P2>P3>P2>P5>P4>P5. On note donc une récurrence de phases : les phases 1, 3 et 5 apparaissent à deux reprises, la phase 2 à quatre reprises et la phase 4 à cinq reprises. La phase la plus récurrente, - et quels que soient les entretiens étudiés dans le cadre de cette étude - est la phase qui a pour fonction la gestion émotionnelle.

---

[8] Les médecins avaient la possibilité pour chaque situation de provoquer un second entretien ; cette option a été demandée par un médecin pour la situation d'annonce "le diabète chez une femme d'âge mûre peu observante".

V-4.2. L'amorçage des phases

Dans les consultations ordinaires les phases sont généralement initiées par le médecin (Frankel, 1986 in Lacoste, 1993). Une phase vient de se terminer. La phase en question présente une complétude interactionnelle - i.e. on parle de *complétude interactionnelle* lorsque les deux partenaires sont favorables ou tout du moins ne s'opposent pas à la clôture d'une séquence ; plus précisément c'est « la satisfaction de cette contrainte de double accord qui autorise la clôture d'une négociation. » (Roulet et al., 1985, p. 15). Le médecin poursuit alors en initiant une nouvelle phase. Les phases initiées de cette façon par le médecin entretiennent généralement entre elles des relations linéaires, ce qui signifie que les phases sont de même niveau dans l'architecture conversationnelle.

Dans nos entretiens, on observe que des phases sont amorcées par une intervention ou un comportement du patient. Les comportements en question n'ont pas une fonction initiative comme précédemment mais leur fonction est réactive initiative (Roulet et al., 1985), ce qui signifie que les comportements réagissent à quelque chose qui vient d'être produit tout en suscitant l'initiation d'une nouvelle phase. Les phases amorcées par des comportements réactifs initiatifs entretiennent une relation hiérarchique avec la phase qui les précède :
* soit la phase amorcée se subordonne à la phase précédente. C'est par exemple le cas lorsque le patient laisse transparaître un affect négatif. Dans ces circonstances, l'expression affective vient suspendre l'activité en cours (d'où sa position subordonnée) et suscite une phase ayant une fonction de gestion émotionnelle (rassurer, dédramatiser...).
* soit la phase amorcée est directrice par rapport à la précédente. Dans ce cas, le comportement exploite comme prémisses des éléments produits au cours de la phase qui le précède.

V-4.3. La dynamique relationnelle et le rapport social

Les études sur les rôles accomplis en consultation ordinaire laissent entrevoir un contrat de communication préservant l'asymétrie hiérarchique induite par le statut des partenaires dans le contexte institutionnel (Heath, 1993 ; Tate, 2005) : un médecin en position haute qui fait figure d'autorité en vertu notamment de ses connaissances médicales et un patient en position basse. Je précise qu'ici, je fais référence au contrat de communication externe (pour la distinction entre contrat de communication interne versus externe je renvoie à Saint-Dizier de Almeida (2009). Le contrat externe constitue une ressource qui fournit des indications sur les comportements à adopter en situation (Charaudeau, 1983). Il renseigne sur « ce qui peut être dit ou fait dans une situation donnée, de connaître les objets que l'on peut "mettre en communication" ainsi que la manière de le faire. » (Vion, 1992, p. 74).

En me basant sur les travaux de Heath (1993), j'ai pu noter que le contrat culturellement partagé qui se rapporte à la consultation ordinaire, laisse entrevoir un médecin dont le rôle est de conduire l'entretien, de questionner ; un médecin qui peut se permettre de couper le patient, de ne pas répondre à ses questions. Le patient, lui, doit se soumettre aux questionnements du médecin ; il n'est pas prévu qu'il puisse questionner, ni qu'il remette en question la parole du médecin. Pour ma part, j'ai observé que dans les entretiens, l'asymétrie sociale était atténuée et se matérialisait à travers des rôles assez similaires. Les rôles les plus représentatifs sont les suivants, ils sont répartis dans trois grandes méta-catégories : 1) informer, 2) s'informer, 3) gérer ou exprimer des émotions.

Il informe	Il communique une information	« …la norme c'est 2 grammes.. »
	Il explicite une information	« ce sont des cellules qui ont décidé de vivre pour elles »
	Il explique une information	« c'est pour ça que le taux… »
	De son écoute, de sa compréhension	« hum », « d'accord »
Il s'informe	Il s'enquiert des connaissances du patient,	« qu'est-ce qu'il (le spécialiste) vous a dit ? » « c'est quoi pour vous une SEP ? »
	Il s'enquiert de l'état émotionnel des patients	« ça vous fait peur », il est attentif aux expressions émotionnelles : trémolo dans la voix…
	Il cherche à identifier l'objet des craintes	« ça vous fait peur… c'est quoi pour vous le cancer »
Il gère les émotions	Il montre qu'il compatit	Phatique, mouvement, regard, « hum »
	Il dédramatise, il rassure, il réconforte… mais peu aussi alarmer (le cas du diabète)	« c'est pris à temps », « on va s'en occuper, on va passer laisser… », « y a pas de petit diabète »

Tableau 3 : Rôles des médecins
extrait de Saint-Dizier de Almeida (2013)

Il informe	Sur l'objet de ses craintes	« chimiothérapie euh tout ce qui euh la perte des cheveux … »
	Sur ses connaissances médicales	« des cellules qui…font leur vie.. »
	Sur ses symptômes	« sensation d'avoir de l'eau dans les membres »
	De son écoute et sa compréhension	« hum » « d'accord »
Il s'informe	A propos de la pathologie	« c'est quoi la norme ? »
	A propos des traitements	« le régime c'est pendant combien de temps ? »
Il exprime ses émotions	Il exprime ses craintes, ses peurs, ce qui le tracasse	« c'est grave », « c'est un cancer », abaissement de la tête, trémolo dans la voix, silence, soupir…

Tableau 4 : Rôles des patients
extrait de Saint-Dizier de Almeida (2013)

Les rôles des médecins et des patients ne sont pas si différents (ils informent, ils s'informent, cf. tableaux 3 et 4) bien que portant sur des contenus spécifiques relatifs à leurs connaissances respectives. On n'observe pas non plus de comportements de la part des médecins par lesquels une position haute serait revendiquée : le médecin ne coupe pas la parole, il écoute le patient, le renseigne, se préoccupe de son état émotionnel... Ces observations conduisent à envisager un rapport social où l'asymétrique hiérarchique est atténuée.

V-4.4. La matérialisation d'actions opératoires

L'analyse interlocutoire de séquences m'a permis de montrer comment des préconisations médicales se matérialisaient discursivement. En guise d'illustration, je propose de présenter l'analyse de deux séquences reflétant chacune l'accomplissement d'une préconisation.

La préconisation : « être compris »

M25	on a d'une part le taux de PSA qui est augmenté donc le taux de PSA ça veut dire antigène spécifique de la prostate hum
P25	hum
M26	(M trace les lettres sur la table) P prostate specific antigen
P26	(P acquiesce) d'accord
M27	bon ça veut dire qu'il se passe quelque chose d'anormal hein
P27	d'accord

M28	Euh qu'il y a des cellules qui se sont développées de façon anormale euh dans la prostate
(…)	(…)
M31	C'est.. bon.. il y a… on va dire il y a un petit nombre de cellules qui a décidé de vivre pour elles … et puis de se développer hein donc c'est pour ça que le taux/

A travers les différentes interventions, le médecin explique à quoi le terme PSA renvoie et ce que signifie « taux de PSA » en utilisant un langage de moins en moins médical et de plus en plus ordinaire. Plus précisément, *via* M25, le médecin utilise « PSA » un terme de spécialiste puis au cours de cette même intervention, il donne la traduction française de l'acronyme. Ensuite, il écrit "PSA" et verbalise l'acronyme en anglais. *Via* M27, M28 et M31, il explicite la signification de cet indicateur en traduisant en langage courant ce que révèle au niveau physiologique un taux de PSA élevé. Arrêtons-nous sur ces trois dernières interventions qui à notre avis peuvent être considérées comme la matérialisation d'une prescription comportementale : en l'occurrence « aller du général au précis ». Dans ces trois interventions, l'état de choses décrit est le même. En M27, la formule employée est vague, elle est marquée par l'emploi du pronom indéfini indéterminé « quelque chose ». En M28, le référent « des cellules » vient se substituer au pronom indéfini indéterminé. En M31, « un petit nombre de » vient se substituer à l'article indéfini « des » présent en T55. Cet enrichissement sémantique est représenté dans le tableau 5.

Moment de l'énonciation	Désignation de l'objet	Complément sur la nature de l'objet	Complément sur la localisation de l'objet
M 27	quelque chose	d'anormal	
M 28	des cellules	avec un développement anormal	au niveau de la prostate
M31	un petit nombre de cellules	qui a décidé de vivre pour elles et de se développer	

Tableau 5 : enrichissement sémantique d'un syntagme

A travers cette séquence, une annonce progressive revient à débuter par une formulation rendue vague par l'emploi de pronoms et articles indéfinis dont le caractère indexical va se dissiper au cours des prises de parole suivantes.

La préconisation « ménager le patient »	
P28	Mais… c'est grave *(tonalité montante)*
M29	*M incline brièvement la tête sur l'épaule* on va dire c'est sérieux
P29	d'accord
M30	ce n'est pas quelque chose qu'on va laisser tomber ce n'est pas quelque chose qu'on va laisser de côté c'est quelque chose dont il faut s'occuper… hein
P30	D'accord

La phase est amorcée par P28. Cette intervention réagit à la séquence précédente au cours de laquelle le médecin a commenté et expliqué les résultats de l'examen sanguin du patient qui révèle un taux de PSA élevé. Par cette intervention, le patient soumet une déduction ayant trait à la gravité de la situation et ce faisant il inscrit le discours dans le registre du pronostic (c'est grave ? ça se guérit ? j'en ai pour combien de temps ?) et ainsi crée les circonstances d'un éventuel choc émotionnel.

Dans la situation de simulation, le cas en l'occurrence est grave (les statistiques montrent que les chances de guérison du cancer de la prostate sont moindres lorsque les patients sont jeunes, ce qui est le cas ici). Satisfaire littéralement la demande exprimée reviendrait à dire « oui, c'est grave ». Comme l'objectif du médecin est de ménager le patient, il va utiliser un procédé qu'il va lui permettre d'atténuer le choc d'une réponse frontale. Plutôt que de répondre à la requête « c'est grave ? », il va répondre à la question : quel est le mot le plus approprié pour qualifier la situation ? - sachant qu'un mot ne peut qualifier de manière exacte la singularité d'une situation réelle unique.

Plus dans le détail, en énonçant « on va dire que c'est sérieux », il marque explicitement qu'il positionne ses propos dans le registre du « dire » : on n'est pas dans le monde réel physique, mais dans le monde des mots ; ce qui contribue à atténuer le caractère angoissant de ce moment conversationnel. Aussi pour éviter que le patient ne se construise une représentation erronée de la signification affectée à « sérieux », le médecin explique *via* M30, ce qu'il entend par « sérieux ». A travers son explication, il manifeste une prise en charge collective marquée par le « on » (le patient n'est pas seul) ce qui peut le rassurer. Aussi en énonçant « c'est quelque chose dont il faut s'occuper », il signifie qu'il y a des choses à faire, ce qui est encourageant puisque cela communique que la situation n'est pas irrémédiable.

Ainsi le médecin n'ignore pas les propos du patient, il atténue le choc d'une réponse directe, il rassure (en communiquant que ce n'est pas irrémédiable), il réconforte (en communiquant que le patient n'est pas seul face à la maladie) et il engage le patient dans la phase thérapeutique. En outre, par ce procédé, il est parvenu à inscrire la discussion dans un autre registre que celui du pronostic, celui de la prise en charge.

V-5. La conception du produit Web

V-5.1. La capitalisation

Des séquences d'interaction ont été extraites du corpus en guise d'illustration et/ou pour donner une assise empirique à des prescriptions génériques. Certaines des séquences sélectionnées me sont apparues incontournables, soit parce qu'elles permettent d'aborder des situations d'interaction atypiques qui pourraient au premier abord être considérées comme des séquences ne respectant pas les prescriptions de la HAS (l'utilisation du jargon médical, le cas où le médecin ne satisfait pas les demandes de réconfort d'un patient), soit parce qu'elles restituent des situations difficiles à gérer qui ne sont pas ou peu abordées dans les formations classiques (le cas où le patient déduit le diagnostic, le cas où il s'engage dans la sphère du pronostic).

V-5.2. Présentation du produit web

Pour ne pas tromper l'internaute quant à la nature des données exploitées, la rubrique est intitulée : « jeux de rôle ». Elle comporte quatre parties.

1ère partie	2ème partie	3ème partie	4ème partie
Interactions	**Dialogues**	**Comportements**	**Compétences**
-Interagir	-Le choix d'un	-La visée	-Etre entendu
-Une relation	processus	-Les spécificités	-Etre compris
asymétrique	-Une procédure	-Les invariants	-Gérer les
	progressive		émotions
	-La structure du		
	dialogue		

Tableau 6 : Les sous-parties de la rubrique

A travers cette structuration et les termes utilisés, il s'agit de signifier que l'entretien d'annonce va être abordé avec différents niveaux de description allant du macroscopique (interactions) au microscopique (compétences). Chaque partie comporte des sous-parties dont le contenu est souvent illustré - lorsque cela est pertinent - par une ou plusieurs séquences commentées extraites des jeux de rôle. Les séquences peuvent être lues ou écoutées. La formalisation du contenu respecte les recommandations ergonomiques en matière de documents électroniques (Tricot, 1995).

A la suite, nous donnons quelques indications sur le contenu qui apparaît dans chacune des parties. La rubrique du site est accessible à l'adresse suivante : http://www.infos-patients.net/ (rubrique : « jeux de rôle »).

1ère partie : Interactions

Cette sous-partie met le focus sur la dimension plurifonctionnelle des communications. Communiquer ne sert pas qu'à partager des informations ; communiquer permet de réaliser conjointement une activité, de partager des états mentaux (Grusenmeyer & Trognon, 1997), de construire une relation (Watzlawick, Beavin, & Jackson, 1972), d'exprimer et de gérer des émotions (Ribert-Van de Weerdt, 2003 ; Cahour, 2006).

L'accent est également mis sur le fait que l'entretien médecin-patient n'est pas un monologue ratifié ponctuellement par le patient, mais une véritable interaction où médecin et patient sont actifs et accomplissent en situation des rôles complémentaires. Il s'agit aussi de suggérer un contrat de communication où le rapport social classiquement fortement asymétrique (Heath, 1983 ; Tate, 2005) est atténué. C'est notamment à travers la désignation des rôles (formulations identiques - soulignées ci-après) que nous avons cherché à atténuer cette asymétrie.

Rôles du patient : s'informer (sur la maladie, les examens, les traitements...), informer (relater son vécu, ses antécédents familiaux...), exprimer ses craintes...

Rôles du médecin : s'informer (niveau de connaissance, entourage, vécu...), informer (maladie, évolution, examens, traitements...), dédramatiser, rassurer, conseiller...

2ème partie : Dialogues

Le choix d'un processus

Sont repris les travaux qui expliquent qu'il n'est pas possible de fournir des recettes toutes faites en matière d'annonce en raison de la multiplicité des déterminants propres à chaque consultation (Schofield, Butow, Thompson, Tattersall, Beeney, & Dunn, 2003 ; Siminoff, Graham, & Gordon, 2006), de façon à ne pas laisser croire que nous serions en mesure de fournir des recettes en la matière.

Une procédure progressive

Il s'agit de rappeler une préconisation concernant le processus d'annonce : il doit être progressif. Il doit l'être pour ne pas choquer le patient mais aussi parce qu'un comportement adapté nécessite de s'enquérir des connaissances du patient, de ses désirs en matière d'information, de ses craintes et sur quoi elles portent exactement.

Une des séquences utilisées permet de montrer comment le médecin va conduire par différents questionnements le patient à communiquer sur ce qu'il entend par cancer ; ce qui lui permettra d'ajuster son discours en conséquence.

La structure du dialogue

La troisième sous-partie montre que les différentes phases du discours n'obéissent pas à l'application stricte d'un scénario. Le scénario tel qu'enseigné à l'université (cf. Cosnier, 1993), ne constitue qu'un guide pour la conduite de l'entretien (Suchman, 1987). Ainsi le médecin planifie *a minima* son entretien et la structure de l'entretien dépend en grande partie des interventions, réactions notamment émotionnelles du patient.

3ème partie : comportements

La visée

Il s'agit de montrer que les propos du patient sont d'une grande richesse et qu'ils peuvent instruire différents registres et guider les actions ultérieures.
Les données utilisées sont extraites d'entretiens conduits auprès des médecins. L'étude des entretiens a permis d'identifier des finalités sous-jacentes à la réalisation d'action. Dans le site, sont listées des actions accomplies par les médecins ; pour chacune d'elles, sa ou ses finalités opératoires sont précisées. Par exemple : s'informer sur son niveau de connaissance **pour** produire un discours compréhensible ; déculpabiliser, dédramatiser **pour** conduire le patient à accepter sa maladie et à se projeter dans le futur...

Les spécificités

On montre que les actions accomplies vont dépendre de la maladie (curable ou non, pronostics connus ou incertains...) et du degré d'avancement dans le processus d'annonce (si des examens ont déjà été effectués, si le diagnostic est déjà posé, si le traitement est déjà initié...). Cette partie a surtout pour objectif de conduire à la partie suivante intitulée : « les invariants » – i.e. ce qui ne varie pas d'un entretien à l'autre.

Les invariants

Le médecin doit avoir à l'esprit que, quel que soit l'entretien et l'avancée dans le processus, ce qui est tenu pour acquis à un moment donné peut ne plus l'être par la suite. En effet, d'un entretien à l'autre le patient a pu obtenir d'autres informations à propos de sa pathologie, des traitements, etc. ; d'un moment à l'autre, ses désirs d'information peuvent changer.

4ème partie : compétences

Les séquences sélectionnées illustrent comment des prescriptions - comme être compréhensible, rassurer, dédramatiser,...- peuvent s'accomplir discursivement.

Être compris

Cette sous-partie informe sur la façon d'être accessible, claire. C'est dans cette partie que la séquence où le médecin utilise le terme médical « PSA », est utilisée. Cela permet d'avancer que vulgariser ne doit pas conduire le médecin à renoncer à l'emploi de termes techniques.

Être entendu

Il s'agit ici de signaler que le patient pour entendre les propos du médecin, doit être prêt à les entendre. C'est au médecin de s'enquérir de ce que le patient est en mesure d'entendre dans le « ici et maintenant ».

Gérer les émotions

Il s'agit de montrer comment des émotions peuvent s'exprimer (*via* du verbal, du para-verbal, du non verbal) et comment elles peuvent se gérer discursivement. Les séquences choisies permettent d'illustrer l'accomplissement d'actions opératoires (comme rassurer, dédramatiser) et de rendre compte des procédés langagiers par lesquels ces actions se réalisent.

La maquette du produit multimédia à destination du commanditaire a été produite en collaboration avec le vacataire.

V-6. Evaluation du produit

Le produit a été retenu par les professeurs en médecine impliqués dans la recherche Infos-patients et par la Ligue contre le cancer. Il constitue la cinquième rubrique du site Infos-patients. Le site bénéficie d'une reconnaissance de la communauté médicale. Il est soutenu par la Conférence Nationale des doyens de faculté de médecine, l'Ordre national des médecins, la Ligue contre le cancer, UMVF (Université médicale virtuelle francophone), le Centre Alexis Vautrin, la Faculté de médecine de Nancy. Il a été certifié le 05 Janvier 2010 par la fondation *Health On the Net* en collaboration avec la Haute Autorité de Santé selon la loi n° 2004-810 du 13 août 2004.

L'évaluation du produit (notamment permet-il des acquisitions ?) révèle des acquisitions de compétences communicationnelles et des modifications représentationnelles (Saint-Dizier de Almeida & Agnoletti, 2015b).

Apport de cette étude

Le dispositif mis en place pour la simulation a permis le recueil d'un corpus écologiquement recevable (Saint-Dizier de Almeida, 2013a). De cette façon il a été possible de dépasser les contraintes empêchant l'accès aux données naturelles et d'optimiser la qualité du corpus par le contrôle de certaines variables. Ce corpus constitue la transcription d'entretiens d'annonce dont la conduite est conforme aux recommandations de la HAS.

A l'instar d'auteurs comme Grosjean et Lacoste (1999), j'ai pu montrer à travers cette recherche que les productions langagières étaient d'une grande richesse. En l'occurrence, leur analyse a permis d'aboutir à des résultats permettant la conception d'une prescription originale. L'étude du corpus, armée de différentes formes d'analyse et d'un cadre théorique approprié, a permis d'approcher l'activité produite en entretien d'annonce sous différents angles (structural, relationnel, opératoire, communicationnel, cognitif).

Le produit Web ainsi obtenu complète les formations actuelles à la conduite de l'entretien d'annonce. Notre produit décrit et commente sous différents angles ce qui a été fait et pourrait être fait en situation conformément à la législation. A travers la description de l'activité sous différents angles et les séquences commentées, il fournit un guide et des ressources à la conduite d'une activité réflexive.

VI- Etude 4 : L'identification de pratiques professionnelles

L'analyse des communications pour instruire une activité innovante :
le cas de l'animation de discussions à visée philosophique en école primaire

Il s'agit d'investir une activité professionnelle innovante produite dans et au moyen d'interactions langagières. Cette étude montre comment, à partir de l'analyse des comportements langagiers, il est possible d'identifier des pratiques professionnelles.

VI-1. Le contexte

L'animation des discussions à visée philosophique (DVP) en école primaire et au collège est une pratique qui a émergé aux Etats-Unis dans les années 1980 à l'initiative de Lipman (Lipman, Sharp & Oscanyan, 1980 ; Leleux, 2005). Depuis, elle se développe timidement à travers le monde malgré l'impulsion de l'UNESCO (2007a, 2007b, 2009a, 2009b).

Une discussion à visée philosophique est une séance qui s'inscrit dans le cadre scolaire et vise à faire discuter une classe d'élèves autour d'une question relative à la condition humaine. Ce sont des questions du type : est-ce que la vie est prêtée ou donnée ? A quoi ça sert de partager ? Qu'est-ce qu'un ami ? Qu'est-ce qu'être libre ? Faut-il toujours dire la vérité ?, etc. Ces séances sont singulières dans le sens où l'enjeu n'est pas de faire acquérir des contenus disciplinaires, où il n'y a pas de bonnes ou de mauvaises réponses. Ici les données sont naturelles.

La recherche scientifique a quasi exclusivement porté sur les bienfaits des DVP sur les élèves, par la méthode des pré et des post-tests. On a montré des effets bénéfiques sur la pensée critique, sur des compétences que l'on pose comme requises dans ce type d'activité comme la décentration, l'argumentation, la conceptualisation, l'abstraction et la créativité (Auriac-Peyronnet & Daniel, 2002 ; Daniel, 2005 ; Tozzi, 2007 ; Auriac-Slusarczyk & Daniel, 2009 ; Auriac, 2007). On a également montré son incidence positive sur des capacités cognitives et scolaires moins directement concernées : sur l'apprentissage, le raisonnement (Topping & Trickey, 2007 ; Higgins, Hall, Baumfield, & Moseley, 2005 ; Mortier, 2005 ; Millet & Tapper, 2012), les performances en mathématiques, en lecture, et globalement sur la réussite scolaire (Higgins et al., 2005). Au niveau social, on a observé que les DVP conduisent les élèves à davantage de coopération et à développer des valeurs morales comme l'honnêteté et le respect d'autrui (programme australien MCEETYA, 2008) ; la pratique de la DVP permettrait de développer leurs attitudes et renforcer leurs dispositions à l'esprit critique (Auriac-Slusarczyk, Daniel, & Adami, 2011).

Ce n'est que depuis peu, que des recherches procèdent non plus *via* la passation de tests, mais par l'analyse de ce qui s'opère en DVP ; on tend, grâce à des études de cas, à expliciter le processus de développement de la réflexivité (Tozzi, 2007), et plus globalement à tenter de caractériser les mouvements de pensée spécifiques au genre philosophique des discussions tenues (Cappeau & Auriac-Slusarczyk, 2013). C'est dans cette mouvance que l'étude se situe.

VI-2. L'étude 2LAPRE

L'étude 2LAPRE (Langage, Logique, Activité, Pragmatique, Réflexivité et Ecole/collège) fait suite à la pré-opération DiaReCol déposée et acceptée par la Maison en Sciences Humaines (MSH) de Lorraine en 2009. Elle s'inscrit dans un programme associant la MSH de Clermont-Ferrand par le biais du projet DIASIRE (resp. Auriac-Slusarczyk), la Région Auvergne *via* un projet en SHS (financé à 15000€ sur 3 ans). Ce programme vise notamment la constitution d'un corpus dense pour l'étude des discussions à visée philosophique qui sera stocké sur la plateforme de diffusion des MSH.

Si les projets DIASIRE, DiaReCol et SHS orientent ou ont majoritairement orienté leur projet sur l'axe élève dans les situations de discussions à visée philosophique, le projet 2LAPRÉ vient les compléter sur le versant activité et notamment sur la pratique enseignante dans ce type de contexte de travail (animation de discussions à visée philosophique). L'objectif est d'instruire l'activité des praticiens dans la cadre de l'animation de ce type de discussion et ainsi, donner les moyens d'une meilleure lisibilité des pratiques et de leurs retombées.

J'ai coordonné cette opération avec Specogna. L'opération implique des équipes provenant de différentes universités (Nantes, Clermont-Ferrand, Grenoble, Nancy) et de différentes disciplines : sciences de l'éducation, psychologie, linguistique. La planification des rencontres a été réfléchie de façon à créer dès le départ les bases d'une coopération. En effet, une seule remarque négative avait été produite par un évaluateur étranger : en l'occurrence, que nos résultats ne soient qu'un patchwork. De fait, nous avons œuvré dès le départ à la mise en place d'une démarche d'investigation des discussions à visée philosophique qui soit interdisciplinaire. Cette démarche requiert de construire les fondements de cette interdisciplinarité : partage conceptuel, bonne appropriation des cadres théoriques et méthodologiques de chacun, rendre intelligible nos compétences respectives applicables au projet. Les premières journées consacrées au projet ont permis d'amorcer ce travail et d'attester d'un cadre épistémologique partagé, qui était une base nécessaire à un travail coopératif inter-équipe. L'étape suivante a été de procéder à l'analyse d'une même discussion philosophique, en l'occurrence la discussion « partager » (produite en CP) et de confronter nos résultats. Ce travail nous a conduit à construire un cadre théorico-méthodologique pluriel pour l'étude des activités collectives (Saint-Dizier de Almeida, Colletta, Auriac-Slusarczyk, Specogna, Simon, Fiema & Luxembourger, sous presse).

Mon entrée dans ce programme de recherche a débuté par une phase d'acculturation qui s'est traduite, par la lecture d'articles sur la question, le visionnage des bandes vidéo à disposition (neuf DVP produites en école primaire) et l'analyse interlocutoire d'une DVP (Saint-Dizier de Almeida, 2013b).

VI-2.1. Les données à disposition pour l'analyse

Nous disposons de neuf DVP transcrites (Auriac-Slusarczy et Fraczak, 2011-2014). Les DVP ont été produites en école primaire par trois enseignantes.

L'enseignante	Ancienneté	PEMF [9]	Précisions chronologiques sur les DVP étudiées	Niveau classe
E1	2 ans	non	11ème « effort » 23ème « partager » 24ème « tomber malheureux »	CP
E2	11ans	non	11ème « œuf-poule » 20ième « police » 21ème « sécurité »	CE1-CE2
E3	24 ans	oui	11ème « argent » 17ème « vie prêtée » 18ème « bagarre »	CM2

Tableau 7 : Indications sur les discussions enregistrées et analysées

Pour la conduite des DVP, les enseignantes se réfèrent à la méthode Lipman (1995). E3 est déjà formée à cette pratique. E1 et E2 sont novices ; elles ont suivi une formation minimale aux principes de l'atelier-Philo assurée par E. Auriac-Slusarczyk. La formation comportait deux phases. Au cours de la première, les supports traditionnels de Lipman utilisés en séances préalables pour faire émerger des questions philosophiques ont été présentés. Au cours de la seconde, des préconisations pour la conduite des discussions à visée philosophique ont été produites, telles :

---

[9] Le PMEF est un certificat d'aptitude à former d'autres enseignants (un certificat qui sanctionne des compétences en animation de classe traditionnelle et la capacité à conduire des activités réflexives sur l'animation de classe).

- favoriser la curiosité,
- approfondir les mots chargés conceptuellement
- discussion -animation libre avec reformulation si possible,
- ne pas tenter de coincer les propos,
- laisser aller les prises de paroles,
- faire trois mini synthèses dans une discussion,
- ne pas être moralisatrice.

En pratique, chaque enseignant, en amont de chaque DVP, met en place une séance consacrée à la production de questions philosophiques en utilisant des albums jeunesse comme support. En fin de séance, une question est choisie démocratiquement par la classe. La question choisie va permettre d'amorcer une séance consacrée à la discussion à visée philosophique, objet de notre investigation.

Durant l'année scolaire concernée, chaque enseignante aura conduit entre 18 et 24 discussions à visée philosophique. Les 11ème et les deux dernières ont été filmées (cf. tableau 7). Dans la cadre d'une opération de recherche conduite par Auriac-Slusarczyk, trois de ces discussions ont été enregistrées en vidéo dans une optique de capitalisation de données. Ainsi sur les 20 discussions, 3 ont été produites en présence d'Auriac-Slusarczyk qui était chargée de l'enregistrement et du pilotage de la caméra pour notamment zoomer sur les élèves prenant la parole.

VI-2.2. Les objectifs d'analyse

A travers cette étude, j'ai investi l'activité DVP sous trois angles. Ont été étudiées 1) la distribution des prises de parole, 2) la structuration fonctionnelle de l'activité et la contribution des enseignants à cette construction architecturale et 3) les fonctions opératoires accomplies par les enseignants.

VI-2.2.1. La distribution des communications

Il s'agit d'approcher la façon dont les productions langagières se distribuent sur les participants. En employant les termes de Colletta (2004), il s'agit de cerner le cadre participatif propre à ce type d'interaction. Le cadre participatif désigne « les rôles interlocutifs actualisés durant une interaction (…) : qui est locuteur à l'instant t de l'interaction, qui est interlocuteur ? Qui devient locuteur à l'instant t1 ? Tous les participants participent-ils activement aux échanges ? Y a-t-il apparition d'interactions parallèles ?» (Colletta, 2004, p. 27).

Pour cette investigation, j'ai travaillé avec une étudiante de master. Nous nous sommes inspirées des formalismes et schémas utilisés dans les années 50-60 en psychologie sociale pour l'étude des réseaux de communication (Flament, 1965). Une première étude du corpus nous a conduites à affiner la méthodologie d'analyse à laquelle a été intégrée la notion de Boucle Conversationnelle (BC) – notion utilisée par Specogna (2013) pour l'étude des DVP. Les BC sont des structures conversationnelles qui apparaissent assez régulièrement dans les activités scolaires (Specogna, 2013). Une BC est une séquence produite par deux locuteurs qui prend place dans un polylogue. Une BC comporte plusieurs interventions – l'intervention est la plus grande unité monologale (Roulet et al., 1985). Une BC s'ouvre lorsqu'un locuteur s'adresse à un interlocuteur particulier et se ferme lorsque l'interaction se déplace vers d'autres locuteurs que ceux impliqués dans la BC. Nous avons en outre affiné la notion de BC en distinguant les BCEE qui sont des BC impliquant un enseignant et un élève, des BCNE qui sont des BC impliquant uniquement des élèves (en général deux voire trois). Nous considérons également le nombre d'interventions par BC.

VI-2.2.2. L'architecture fonctionnelle de l'activité collective

L'étude de la dimension fonctionnelle de l'activité consiste à identifier des phases et leur articulation. On précise également qui initie chacune des phases afin de cerner la contribution des enseignantes à cette activité architecturale. La figure 3 restitue l'analyse hiérarchique de la DVP « partager » produite en CP. Son analyse est développée dans Saint-Dizier de Almeida (2013b).

Formulation de la tâche

```
┌─────────────────────────────────────┐
│ Consigne incluant la question        │
│ (À quoi ça sert de partager ?)       │
│ et incitation à la production        │
└─────────────────────────────────────┘
```

Production

```
┌─────────────────────────────────────┐
│ Phase 1 : Raisons justifiant que     │
│ c'est bien de partager (8)           │
│                                      │
│ Phase 2 : Expériences personnelles   │
│ illustrant du partage (5)            │
│                                      │
│ Phase 3 : Raisons (2) expliquant du non │
│ partage et expériences personnelles  │
│ illustrant du non partage (5) puis   │
│ du partage (15) et des difficultés   │
│ à partager (5)                       │
└─────────────────────────────────────┘
```

Phase récapitulative

```
┌─────────────────────────────────────┐
│ Une raison nouvelle (1),             │
│ Des expériences personnelles         │
│ non encore mentionnées (2),          │
│ Des raisons justifiant que c'est bien de │
│ partager déjà évoquées (1)           │
└─────────────────────────────────────┘
```

Clôture

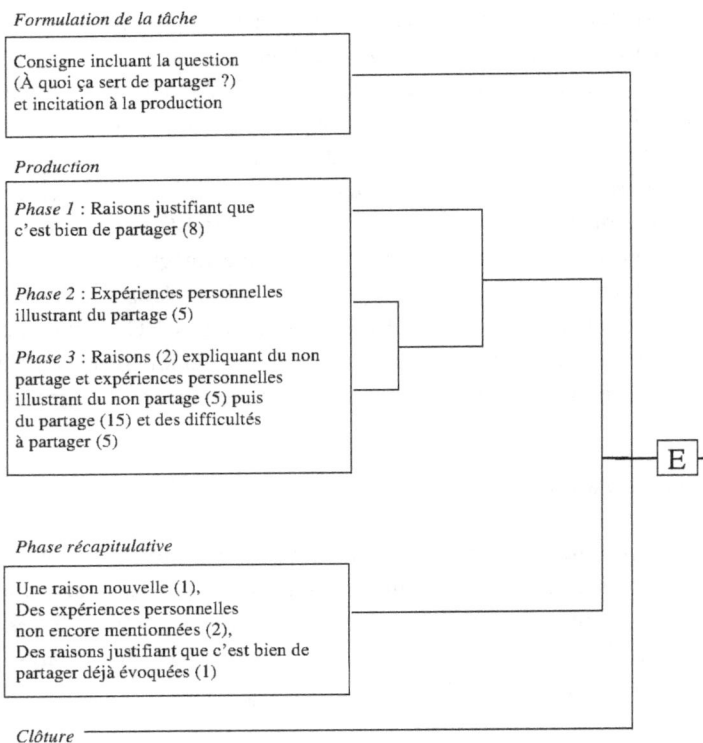

Figure 3. Les phases opératoires et leur articulation
extraite de Saint-Dizier de Almeida (2013b)

Légende : E signifie échange et se définit comme étant une unité dialogale (Roulet et al., 1985).

Le nombre de séquences produites dans chacune des phases est précisé entre parenthèses. Dans l'étude qui nous occupe, une séquence se présente généralement comme une succession d'interventions produites en alternance par un élève et l'enseignante. Une séquence ainsi définie comporte généralement 2 à 5 interventions.

VI-2.2.3. Les fonctions opératoires accomplies

La détermination des fonctions opératoires a nécessité en amont la conception d'une grille de fonctions appropriées à l'étude des comportements enseignants en DVP. La grille apparaît à la suite (cf. tableau 8). Elle répertorie une trentaine de fonctions opératoires – en l'occurrence celles qui se sont accomplies au cours des neuf DVP analysées. Elle permet d'avoir un aperçu de l'activité enseignante dans ce type de contexte classe.

Interventions initiatives (qui initient des phases) ou réactives initiatives (qui initient des phases mais sur la base de ce qui a déjà été produit) adressées au collectif	Apport : énonce une question philo	
	Apport : rappelle des consignes	
	Apport : fait une synthèse	
	Apport : clôture la séance	
	Demande de clôturer	
	Demande de faire une synthèse	
	Demande des prises de parole	
	Demande d'énoncer ou se remémorer la question	
	Oriente vers un autre registre (généralité, factuel…)	
Interventions réactives adressées au collectif ou à un groupe d'élèves	Gère la dimension socio-émotionnelle-organisationnelle (conflit, humour, rappel à l'ordre)	
	Apport : rappelle la consigne	
	Oriente vers un autre registre	
	Demande des approfondissements	
	Apporte une information	
Interventions réactives adressées à un élève	Affecte la parole	
	Gère la dimension socio-émotionnelle-organisationnelle (conflit, humour, rappel à l'ordre, rappel de consignes…)	
	Rendre intelligible (cas où la production de l'élève n'est pas suffisamment claire, précise, correctement formulée…)	Apport : informe d'un terme adéquat
		Apport : rectifier une formulation, corriger une erreur grammaticale
		Apport : clarifie le discours
		Demande de clarifier le discours
		Demande de rectifier une formulation, de corriger une erreur grammaticale
		Demande une formulation adaptée
		Demande des informations complémentaires
		Ratifie
	Guide, assiste, approfondit (cas où la production de l'élève est bien comprise)	Apport : soumet une déduction
		Demande d'approfondir dans le même registre
		Oriente vers un autre registre

Tableau 8 : la grille répertoriant les fonctions opératoires accomplies en DVP extraite de Saint-Dizier de Almeida, Specogna & Luxembourger (à paraître en 2016).

La grille a pour singularité de proposer des méta-catégories qui vont permettre des comparaisons inter-enseignantes. Pour établir ce système de méta-catégorisation, je me suis inspirée des travaux de Bales (1950) : sont distinguées d'une part les interventions qui ont une incidence sur la sphère de la tâche, de celles qui s'inscrivent dans la sphère socio-émotionnelle et d'autre part les interventions qui constituent des apports, de celles qui constituent des demandes. Aussi il m'est apparu important en me basant sur le modèle de Genève (Roulet et al., 1985), d'une part de distinguer les interventions adressées au collectif, de celles qui s'adressent à un groupe d'élèves, de celles adressées à un élève en particulier et d'autre part de distinguer les interventions qui initient de nouvelles phases dans le cours de l'activité (interventions initiatives et réactives initiatives), de celles qui s'insèrent dans des phases existantes (interventions réactives).

J'ai construit la grille sur la base d'une DVP, j'ai formé un étudiant de master à son utilisation. Il l'a ensuite appliquée aux neuf DVP. Cette application lui a permis de proposer l'ajout de nouvelles catégories que nous avons discutées et intégrées.

L'analyse des 9 DVP révèle que les grandes catégories de fonctions opératoires apparaissent chez les trois enseignantes, mais que leurs occurrences varient de manière significative d'une enseignante à l'autre. On observe qu'E1 intervient plus au niveau du collectif, E2 et E3 davantage au niveau individuel ; E1 et E2 participent activement à la structuration de l'activité, E3 tend à s'effacer. Si des pratiques différentes ont émergé, il n'en demeure pas moins que les consignes d'animation ont été pour la plupart respectées. Les résultats sont développés et commentés dans Saint-Dizier de Almeida, Specogna et Luxembourger, C. (à paraître en 2016).

Ainsi les consignes propres à la méthode Lipman ont autorisé l'accomplissement de différentes pratiques. Chaque enseignante a eu la possibilité d'adapter cette méthode relativement à ses attentes, à ses valeurs, aux caractéristiques de sa classe et de ses élèves et aux circonstances sociales dans le ici et maintenant – en reprenant l'expression de Suchman (1987).

VI-2.3. Exploitation des résultats et perspectives

Ces pratiques différentes que les analyses ont révélées invitent à envisager, de manière théorique, différents styles d'animation possibles. En s'inspirant des travaux princeps sur le leadership (Lewin, Lippitt, & White, 1960) on peut envisager un style plus ou moins autoritaire qui peut s'exprimer, en référence cette fois aux travaux de Bales (1950), au niveau de la sphère socio-émotionnelle (gestion des prises de parole, gestion relationnelle, gestion des conflits inter-personnels…) et au niveau de la sphère de la tâche.

• Un style autoritaire qui peut se matérialiser dans la sphère socio-émotionnelle par une gestion stricte des prises de parole (les élèves ne peuvent parler que si l'enseignant les y autorise ; les échanges spontanés entre élèves sont stoppés) ; dans la sphère de la tâche par une planification de l'activité basée sur un schéma préconçu – qui peut d'ailleurs ne pas être compris des élèves (cf. Saint-Dizier de Almeida, 2013b pour une illustration).

• Un style plus démocratique marqué dans la sphère socio-émotionnelle par l'acceptation d'échanges spontanés entre élèves ; dans la sphère de la tâche par une planification portée par l'enseignant mais induite par les productions des élèves (interventions réactives initiatives adressées au collectif).

• Un style davantage « laisser-faire » qui se matérialise au niveau de la planification de l'activité par peu d'interventions adressées au collectif à l'exception de quelques formulations génériques du type « vous vous souvenez de la question ? », produites lorsque les élèves s'éloignent de la question amorce ; à noter qu'au niveau de la sphère socio-émotionnelle, l'enseignant peut désigner un élève chargé de l'allocation des prises de parole.

A ce niveau une question se pose. Un style serait-il plus propice qu'un autre à l'émergence de philosophèmes ? - les philosophèmes sont des raisonnements collectifs propres aux DVP au cours desquels une idée prend la forme d'un concept (Auriac-Slusarczyk & Fiema, 2013). L'analyse de ces neuf discussions produites dans ce sens par Fiema (2014) révèle que du point de vue des raisonnements collectifs produits, les neufs discussions ne révèlent pas de différences significatives. Plus précisément, au sein de chaque DVP, on observe l'émergence de plusieurs philosophèmes. On peut alors se poser la question de l'efficience, ce qui revient à rapporter l'efficacité au coût engendré par la pratique. En d'autres termes, un style d'animation serait-il, pour l'enseignant, moins coûteux cognitivement qu'un autre ? Ce type de réflexion constitue la suite de cette opération de recherche. J'investis actuellement et plus particulièrement des dysfonctionnements. Il s'agit alors d'opérer des analyses interlocutoires beaucoup plus fines et de recourir à d'autres données, comme les entretiens d'explicitation tels que Vinatier les conduit (2012). Nous avons toutes les deux un article en cours de rédaction visant la compréhension d'une difficulté rencontrée par E2 au cours de la DVP « police » - cette enseignante en vient à capituler et à demander de l'aide à Auriac-Slusarczyk qui est chargée, en l'occurrence, de filmer la séance.

Apport de cette étude

Cette étude montre comment à partir de l'analyse des comportements langagiers, il est possible d'identifier des pratiques professionnelles. En l'occurrence, l'analyse a consisté à investir l'activité enseignante sous trois angles : 1) étude de la façon dont chaque enseignante concourt à la distribution de la parole ; 2) étude de la structuration de l'activité et de la contribution des enseignants à cette construction architecturale et 3) identification des fonctions opératoires accomplies par chaque enseignante et de leurs occurrences. Les analyses ainsi conduites offrent un aperçu de l'activité enseignante dans ce type de contexte classe et permettent d'établir des comparaisons entre enseignantes. Les résultats révèlent des pratiques enseignantes qui conduisent à envisager différents styles d'animation.

VII- Conclusion

Comme tout psychologue ergonome, ma préoccupation première est d'éclairer l'activité de l'homme au travail. Quels sont ses buts, ses intentions ? Quelles connaissances mobilise-t-il ? quels raisonnements fait-il ? Quels sentiments éprouve-t-il ? Quelles actions réalise-t-il? Comment se comporte-t-il ? Quelle image de lui veut-il donner ? Comment tout cela se traduit au niveau de la résolution ? A quel type de rapport social cela donne-t-il lieu ?... Trouver des réponses à ces questions permet de mieux comprendre l'activité de l'Homme au travail et de pouvoir agir (Theureau & Jeffroy, 1994), soit en modifiant l'environnement de travail : révision de la tâche, des conditions techniques, sociales, organisationnelles du travail ; soit en agissant sur des composants internes à l'opérateur : susciter des modifications de ses modes opératoires par le biais de formation, de prise de conscience de son activité...

Les quatre études restituées montrent que l'analyse des communications interpersonnelles apporte de nombreux éléments de réponse aux questions posées, même si elle demeure insuffisante (Saint-Dizier de Almeida, sous presse) et nécessite le recours à d'autres méthodologies de recueil de données (Amalberti & Hoc, 1998 ; Guilbert & Lancry, 2007).

Le cadre développé en première partie et sur lequel ces études se fondent, fournit des concepts, des modèles et des méthodologies qui constituent des ressources pour engager des études sur des activités qui prennent forme dans des interactions langagières. Ce cadre a pour caractéristiques de fournir des outils qui permettent de ne pas élaguer la dimension processuelle et interactionnelle des échanges parlés et de rendre intelligible différentes dimensions de l'activité.

Mes perspectives de recherche visent toujours à instruire les activités professionnelles en me référant au cadre que j'ai progressivement construit. Je souhaite toutefois investir davantage la dimension collective de l'activité. En effet, quel que soit le corpus étudié, j'ai toujours mis le focus sur un individu en particulier sans investir de manière précise l'activité produite par la dyade ou le collectif. Par exemple, dans l'étude GOCAD, je me suis focalisée sur l'assistant ; dans l'étude PIC, sur l'utilisatrice du logiciel ; dans l'étude 2LAPRE, sur chaque enseignante.

Le collectif/groupe/équipe de travail a donné lieu à de nombreuses recherches en psychologie sociale (par exemple Bales, 1950 ; Flament, 1965 ; Abric, 1984 ; Oberlé & Drozda-Senkowska, 2006 ; Drozda-Senkowska & Oberlé, 2006), en psychologie du travail (par exemple, Cooke & Szumal, 1994 ; Hackman, 2002 ; Aubé, Rousseau, & Savoie, 2006 ; Rogard, 2008 ; Clety, 2009 ; Savoie & Brunet, 2012 ; Rousseau & Aubé, 2013), en psychologie ergonomique (par exemple, Savoyant , 1974 ; Leplat & Savoyant, 1983 ; Samurçay & Delsart, 1994 ; Rogalski, 1998 ; Vidal-Gomel &

Roglaski, 2009 ; Darses, 2009 ; Détienne, 2006) ; dans ce champ d'investigation, mon projet est d'apporter une contribution qui mette davantage l'accent sur la dimension collective de l'activité.

Enfin, le cadre proposé, qui constitue une capitalisation de connaissances raisonnée et une ressource pour l'étude des activités qui prennent forme dans les interactions langagières, n'est pas un objet fini ; il est incomplet et mon projet est de le faire évoluer. Voici quelques idées d'évolution du cadre. Il pourrait être pertinent d'y intégrer un système capable de rendre compte de l'activité collective dans sa dimension processuelle en référence aux travaux de Fiema (2014) qui a développé pour l'étude des raisonnements collectifs en DVP un cadre conceptuel et un formalisme dans cette optique.

Je pense aussi important de considérer davantage les dimensions para-verbales et gestuelles de l'activité (Streeck, 2010 ; Colletta & Guidetti, 2012) en restituant plus fidèlement les comportements dans leur expressivité afin pouvoir identifier les composants multimodaux dont certains concourent à l'expression et à la gestion émotionnelle (Colletta & Scherkassof, 2003 ; Ribert-Van de Weerdt, 2003 ; Cahour, 2006 ; Cahour & Lancry, 2011).

Je m'intéresse aussi aux travaux de Grossen et Salazar Orvig (2011) qui posent que la dynamique du discours dépend certes de ce qui a été produit, mais aussi de ce que les locuteurs souhaitent faire produire dans l'espace de l'interlocution – un modèle où la démarche cognitive des interlocuteurs est anticipative.

Références bibliographiques

Abric J.-C. (1984). La créativité des groupes. In S. Moscovici (Ed.), *Psychologie sociale*. Paris, PUF.

Abric, J.-C. (1996). *Psychologie de la communication : méthodes et théories*. Paris : Armand Colin.

Agnoletti, M.-F. (1999). Effet de la force illocutoire et du premier tour de parole dans la réalisation d'un script interlocutoire : le script de la victime. *Revue Internationale de Psychologie Sociale, 12*, 79-95.

Agnoletti, M.-F. Defferrard, J. (2002). La théorie du script interlocutoire appliquée à une situation de première rencontre galante. *Revue Européenne de Psychologie Appliquée, 52*, 119-134.

Agnoletti, M.-F., Saint-Dizier de Almeida, V., & Defferrard, J. (2002). Analyse interlocutoire d'un script : l'exemple du script de la victime. *Psychologie de l'Interaction, n°15-16*, 305-333.

Allen, J.F. (1984). Towards a general theory of action and time. *Artificial Intelligence, 23*, 123-154.

Amalberti, R., & Hoc, J.-M. (1998). Analyse des activités dynamiques en situation dynamique : Pour quels buts ? Comment ? *Le Travail Humain, 61*, 209-234.

Andrès M., Gallouïn J-F., Lafitte G.,& Lehéricy G. (1996). Rédiger la documentation utilisateur, *Collection Dossiers d'expertise du CXP*.

Aubé, C., Rousseau, V., & Savoie, A. (2006). Les interventions régulatrices groupales et le rendement des équipes de travail : un modèle théorique. *Le Travail Humain, 69*(3), 269-294.

Auriac, E. (2007). Effet de discussions à visée philosophique sur le processus de génération d'idées. *Enfance, 4*, 356-370.

Auriac-Peyronnet, E. & Daniel, M.-F. (2002). The specifics of Philosophical Dialogue: A case Study of Pupils Aged 11 and 12 Years. *Thinking 16*(1), 23-31.

Auriac-Peyronnet, E. & Daniel, M.-F. (2009). Apprendre à dialoguer avec des élèves: le cas des dialogues philosophiques. *Psychologie de l'Interaction 25-26*, 155-196.

Auriac-Slusarczyk, E. & Fraczak, L. (2011-2014).Porteur du Dépôt de la réponse sur appel d'offre dans le programme : projet structurant en SHS Etude des phénomènes interlocutifs dans les discussions citoyennes à visée philosophique pratiquées à l'école et au collège. Projet subventionné par la Région Auvergne. Convention 939.92-65731/19474.

Auriac-Slusarczyk, E., & Fiema, G. (2013). Raisonner et discuter: Définitions et principe d'étude pragmatique du corpus. *Cahiers du Laboratoire de Recherche sur le Langage, 5*, 41-74.

Austin, J. (1962). *How to do things with words*. Oxford : Oxford University Press.

Baccino, T., Bellino, C., & Colombi C. (2005). *Mesure de l'utilisabilité*. Paris : Hermès.

Baker, M. J. (2000). Explication, argumentation et négociation : analyse d'un corpus de dialogues en langue naturelle écrite dans le domaine de la médecine. *Psychologie de l'Interaction, 9/10*, 179-210.

Bales, R. (1950). *Interaction process analysis: a method for the study of small groups*. Cambridge : Addison-Wesley.

Barcellini, F., Détienne, F., & Burkhardt, J.-M. (2007) Conception de logiciels libres : enjeux pour l'ergonomie et rôle des utilisateurs dans le processus de conception. Actes du congrès de la SELF (pp. 43-52).

Batt, M., & Trognon, A. (2009). Ergonomie cognitive d'une consultation génétique pour le test présymptomatique de maladie de Huntington. *Psychologie du travail et des organisations, 15*(1), 21-40.

Beaudichon, J. (1993). De la prise en charge de la progression de l'interlocuteur vers un but à l'autorégulation des entreprises cognitives. *International Journal of Psychology, 28*(5), 661-670.

Béguin, P. & Weill-Fassina A. (1997). De la simulation des situations de travail à la situation de simulation. In P. Béguin & A. Weill-Fassina (Eds.), *La simulation en ergonomie : connaître, agir et interagir* (pp 5-28). Toulouse : Octarès.

Bilange, E. (1992). *Dialogue personne-machine modélisation et réalisation informatique*. Paris : Hermès.

Bourdon, F., & Weill-Fassina, A. (1994). Réseau et processus de coopération dans la gestion du trafic ferroviaire. *Le travail humain, 57*(3), 271-287.

Brangier, E. (1991). Comment les recherches concernant les dialogues homme-machine abordent-elles le problème de l'interaction ? Etude bibliographique. *Connexions, 57*, 147-159.

Brangier, E. (2002). Le travail conversationnel : Analyse de l'activité conversationnelle dans le « call-center » d'une compagnie d'assurance. In E. Engrand, S. Lambolez, & A. Trognon. *Communications en situation de travail à distance* (pp. 29-48). Nancy: Presses Universitaires de Nancy.

Brassac, C. (2001). L'interaction communicative, entre intersubjectivité et interobjectivité. *Langages, 144*, 39-57.

Bratman. M. E. (1987). *Intentions, Plans, and Practical Reason*. Cambridge, MA : Harvard University Press.

Brixhe, D., Saint-Dizier, V., & Trognon, A. (1994). Résolution interlocutoire d'un diagnostic. In M. Baker, J.L. Dessalles, M. Joab, P.Y. Raccah, B. Safaret, D. Schlienger (Eds.), *Modélisations d'explication sur un corpus de dialogue* (pp. 27-47). ENST : Paris.

Brixhe, D., Saint-Dizier, V., Trognon, A. (2000). Résolution interlocutoire d'un diagnostic. *Psychologie de l'interaction, 9-10*, 211-236.

Brousseau, G. (1986). Fondements et méthodes de la didactique des mathématiques. *Recherches en Didactique des Mathématiques, 7*(2), 33-115.

Bruner, J. (1983). *Le développement de l'enfant. Savoir-faire, savoir-dire.* Paris : Presses Universitaires de France.

Buckman, R. (2001). *S'asseoir pour parler. L'art de communiquer de mauvaises nouvelles aux malades. Guide du professionnel de santé.* Paris: Masson.

Butow, P., Cockbum, J., Girgis, A., Bowman, D., Schofield, P., D'Este, C., Stojanovski, E., Tassersall, & M.H.N. and the CUES team (2008). Increasing oncologists' skills in eliciting and responding to emotional cues: evaluation of a communication skills training program. *Psycho-Oncology, 17*, 209-218.

Cahour B., & Lancry A. (2011). Émotions et activités professionnelles et quotidiennes. *Le travail humain, 74*(2), 97-106.

Cahour, B. (2002). Décalages socio-cognitifs en réunions de conception participative. *Le travail humain, 65*(4), 315-337.

Cahour, B. (2006). Les affects en situation d'interaction coopérative : proposition méthodologique. *Le travail humain, 69*(4), 379-400.

Cappeau, P., & Auriac-slusarczyk, E. (2013). Présentation du corpus Philosophèmes: choix et spécificités. *Cahiers du Laboratoire de Recherche sur le Langage, 5*, 11-40.

Caro, S., & Bétrancourt, M. (1998). Ergonomie des documents techniques informatisés : expériences et recommandations sur l'utilisation des organisateurs para-linguistiques. In A. Tricot et J.-F. Rouet (Eds.), Les hypermédias : approches cognitives et ergonomiques (pp. 123-138). *Hypertextes et hypermédias* numéro hors série.

Caroly, S. (2000). « Bonjour Monsieur... Merci, Au revoir » Comment l'étude des communications guichetier-client permet d'analyser l'activité de service pour la transformer ? *Actes du congrès de la SELF* (pp.276-285).

Caroly, S. (2004). Donner la vie à la mort. Normalisation et compétences des opérateurs funéraires. *Actes du congrès de la SELF* (pp.189-201).

Cawsey, A. (1990). A computational model of explanatory discourse : local interactions in a plan-based explanations. In P. Luff, N. Gilbert & D. Fröhlich (Eds.), *Computers and conversation* (pp. 221-234) London : Academic Press.

Cellier J.M. & Mariné C. (1983). Variations des communications instrumentales et d'entertien, en fonction des exigences, dans une tâche de régulation. *Psychologie Française, 28*(3/4), 275-281.

Cerf, M., & Falzon, P. (2005). Une typologie des situations de service. In M. Cerf, & P. Falzon (Eds), *Situations de service : travailler dans l'interaction* (pp. 5-19). Paris : Presses Universitaires de France.

Chapelier, L. (1996). Dialogue d'assistance dans une interface homme-machine multimodale. Thèse de l'Université Nancy1, Nancy.

Charaudeau, P. (1983). *Langage et discours*. Paris: Hachette.

Cheepen, C. (1994). The pragmatics of friendliness and user-friendliness : An investigation of repairs in human-human dialogue and human-computer dialogue. *Pragmatics 4*(1), 63-79.

Cicourel A.V. (1994). La connaissance distribuée dans le diagnostic médical. *Sociologie du travail, 4*, 427-449.

Clety, H. (2009). Dynamique des représentations et efficacité dans les systèmes « équipe de travail ». Thèse, Université Charles-de-Gaulle, Lille.

Clot, Y., & Faïta, D. (2000). Genres et styles en analyse du travail. Concepts et méthodes. *Travailler, 47*, 7-42.

Cohen, P.R. & Levesque, H.J. (1990). Persistence, intention, commitment and rational interaction as the basis for communication. In P.R. Cohen, J. Morgan & M.E. Pollack (Eds.). *Intentions in Communication* (pp. 221-255). Cambridge: Massachusetts Institute of Technology Press.

Colletta, J.-M & Tcherkassof, A. (Eds.) (2003). *Perspectives actuelles sur les émotions. Cognition, langage et développement*. Hayen : Mardaga.

Colletta, J.-M & Guidetti, M. (Eds.) (2012). *Gesture And Multimodal Development*. Amsterdam, Pays-Bas: John Benjamins.

Colletta, J.-M. (2004). *Le développement de la parole chez l'enfant. Corps, langage et cognition*. Hayen : Mardaga.

Collins, H. M. (1992). *Experts artificiels. Machines intelligentes et savoir social*. Paris: Seuil.

Cosnier, J. (1993). Les interactions en milieu soignant. In J. Cosnier, M. Grosjean, & M. Lacoste (Eds.), *Soins et communication : approches interactionnistes des relations de soins* (pp. 17-32). Lyon: Presses Universitaires de Lyon.

Cuenot, S., Cochand, P., Lanares, J., Feihl, F., Bonvin, R., Guex, P., & Waeber, B. (2005). L'apport du patient simulé dans l'apprentissage de la relation médecin-malade : résultats d'une évaluation préliminaire. *Pédagogie médicale, 6*(4), 216-224.

Daniel, M.-F. (2005). *Pour l'apprentissage d'une pensée critique au primaire*. Québec : Les Presses de l'Université du Québec.

Darses, F. (2009). Résolution collective des problèmes de conception. *Le travail humain, 72*(1), 43-59.

De Almeida, J., & Saint-Dizier de Almeida, V. (1998). Conception Assistée par le Dialogue : des interactions verbales aux règles de fonctionnement du pilote d'un multi-robot. In K. Kostulsky et A. Trognon (Eds.*), Distribution des savoirs et coordination de l'action dans les équipes de travail* (pp. 159-182). Nancy : Presses Universitaire de Nancy.

De Keyser, V. (1983). Communications sociales et charge mentale dans les postes automatisés. . *Psychologie Française, 28*(3/4), 239-246.

Dejours, C. (1995). Comment formuler une problématique de la santé en ergonomie et en médecin du travail ? *Le Travail Humain, 58*(1), 1-16.

Delgoulet, C., Kerguelen, A., & Barthe, B. (2000). Vers une analyse intégrée des communications et des actions au travail : quelles modalités de leur mise en relation ? *Actes du Congrès de la SELF* (pp.363-375).

Détienne, F. (2006). Collaborative design : managing task interdependencies and multiple perspectives. *Interacting With Computers, 18*(1), 1-20.

Devillard J.-P., Galloüin J.F., & Saint-Dizier de Almeida, V. (1998). Etude sur la documentation destinée aux collaboratrices des agents du GAN dans le cadre du projet Ariane 2000, *Document interne au GAN* (28 pages).

Djibo, S. (2008). Contribution d'une analyse du discours à l'étude des stratégies d'actions et de régulation des agents en situation d'écoute téléphonique : l'exemple du dispositif d'urgence sociale 115. *@ctivités, 5*(1), 3-20.

Drozda-Senkowska, E., & Oberlé, D. (2006). Climat social en psychologie sociale : un thème délaissé, un trésor oublié ou un concept détourné ? *Les Cahiers internationaux de psychologie sociale, 70*, 73-78.

Ducan, S., & Fiske, D. (1977). *Face to face interaction : research method and theory.* Hillsdale, N.J. : Lawrence Erlbaum.

Edvardsson, T.M., Pahlson, A.M.D., & Ahlstrom, G.P. (2006). Experiences of onset and diagnosis of low-grade glioma from the patient's perspective. *Cancer Nursing, 29*, 415–422.

Engrand, E. (2002). Gestion conversationnelle d'un diagnostic médical dans un service d'écoute sur le cancer. In E. Engrand, S. Lambolez, & A. Trognon. *Communications en situation de travail à distance* (pp. 65-81). Nancy : Presses Universitaires de Nancy.

Erksine L.E., Carter-Tod D., & Burton J.K. (1997). Dialogical techniques for the design of Web sites. *International Journal of. Human-Computer Studies, 47*(1), 169-196.

Falzon, P. (1994). Dialogues fonctionnels et activité collective. *Le travail Humain, 57*(4), 299-312.

Falzon, P., & Cerf, (2005). Le client dans la relation. In M. Cerf, & P. Falzon (Eds.). *Situations de service : travailler dans l'interaction* (pp. 41-59). Paris: Presses Universitaires de France, Coll le travail humain.

Feldman-Stewart, D., Brundage, M.D., Tishelman, C., & the SCRN Communication Team (2005). A conceptual framework for patient-professional communication: an application to the cancer context. *Psycho-Oncology, 14*, 801–809.

Fiema, G. (2014). Étude des mouvements de pensée collective lors des ateliers philosophiques au primaire et au collège. Extraction de philosophèmes en tant que structures formelles de raisonnement. Thèse de l'Université Blaise Pascal, Clermont-Ferrand.

Flahaut, F. (1978). *La parole intermédiaire*. Paris : Le Seuil.

Flament, C. (1965). *Réseaux de communication et structures de groupe*. Paris : Dunod.

Ghiglione, R., & Trognon, A. (1993). *Où va la pragmatique ?* Grenoble: Presses universitaires de Grenoble.

Goffman, E. (1974). *Les rites d'interaction*. Paris: Les éditions de minuit.

Grégori, N. (1999). Etude clinique d'une situation de conception de produit : vers une pragmatique de la conception. Thèse de psychologie de l'Université Nancy 2, Nancy.

Grice, P. (1979). Logique et conversation. *Communications, 30*, 57-72.

Grosjean, M., & Lacoste, M. (1999). *Communication et intelligence collective : le travail à l'hôpital*. Paris : Presses Universitaires de France.

Grosjean, V., & Ribert-Van de Weerdt, C. (2005). Vers une psychologie ergonomique du bien-être et des émotions. Les effets du contrôle dans les centres d'appels. *Le travail humain, 68*(4), 355-378.

Grossen, M., & Salazar Orvig, A. (2011). Processus d'influence, cadrage et mouvements discursifs dans un groupe focalisé. *Bulletin de psychologie, 64* (5), 425-438.

Grusenmeyer C. (1996). *De l'analyse des communications à celle des représentations fonctionnelles partagées*. Thèse de l'Université Nancy2, Nancy.

Grusenmeyer, C., & Trognon, A. (1997). Les mécanismes coopératifs en jeu dans les communications de travail : un cadre méthodologique. *Le travail humain, 60*(1), 5-31.

Guilbert L., & Lancry A. (2007). L'analyse des activités des cadres : l'intérêt de la triangulation des méthodes. *Le travail humain, 70*(4), 313-342.

Heath, C., 1993. Diagnostic et consultation médicale : la préservation de l'asymétrie dans la relation entre patient et médecin. In J. Cosnier, M. Grosjean, & M. Lacoste (Eds.), *Soins et communication : approches interactionnistes des relations de soin* (pp.65-76). Lyon : Presses Universitaires de Lyon.

Higgins, S., Hall, E., Baumfield, V., & Moseley, D. (2005). *A Meta-analysis of the Impact of the Implementation of Thinking Skills Approaches on Pupils, Research Evidence in Education Library*. London, EPPI-Centre, Social Science Research Unit, Institute of Education, University of London. http://eppi.ioe.ac.uk/cms/Default.aspx?tabid=338.

Hintikka, J. (1989). *L'intentionnalité et les mondes possibles*. Lille : Presses universitaires de Lille.

Hoc, J.-M. (1996). *Supervision et contrôle de processus. La cognition en situation dynamique*. Grenoble : Presses Universitaires de Grenoble.

Hoc, J.-M. (2001) Towards ecological validity of research in cognitive ergonomics. *Theoretical Issues in Ergonomics Science, 2*(3), 278-288.

Hoff, L., Tidefelt, U., Thaning, L., & Hermeren, G. (2007). In the shadow of bad news – views of patients with acute leukaemia, myeloma or lung cancer about information, from diagnosis to cure or death. *BMC Palliative Care, 6*(1), http://www.biomedcentral.com/1472-684X/6/1.

http://portal.unesco.org/shs/en/ev.phpURL_ID=12633&URL_DO=DO_TOPIC&URL_SECTION=201.html

http://unesdoc.unesco.org/Ulis/cgibin/ulis.pl?catno=185217&set=4ADE3FCC_1_122&database=new2&gp=0&mode=e&ll=a

http://www.unescobkk.org/fileadmin/user_upload/shs/Philosophy/aspacactionphilplandraft5.pdf

Iandolo, C. (2006). *Guide pratique de la communication avec le patient. Techniques, arts et erreurs de la communication*. Paris : Masson.

Jacques, F. (1979). *Dialogiques*. Paris : Presses Universitaires de France.

Jacques, F. (1985). *L'espace dialogique de l'interlocution*. Paris : Presses Universitaires de France.

Kerbrat-Orecchioni, C. (1986). *L'implicite*. Paris : Armand Colin.

Kerbrat-Orecchioni, C. (1988). La notion de « place » interactionnelle ou les taxèmes, qu'est-ce que c'est que ça ? In J. Cosnier, N. Gelas, & C. Kerbrat-Orecchioni (Eds.), *Echanges sur la conversation* (pp. 185-198). Paris: Editions du CNRS.

Kostulski, K. & Prot, B (2004). L'activité conversationnelle d'un jury de Validation d'Acquis : analyse interlocutoire de la formation d'un concept potentiel. *Psychologie Française, 49*(4), 425-441.

Kostulski, K., & Trognon, A. (1998). Le domaine cognitif de l'interlocution : un exercice d'analyse interlocutoire d'une transmission orale dans une équipe paramédicale. In K. Kostulski, & A. Trognon (Eds.), *Communications interactives dans les groupes de travail* (pp. 59-101). Nancy : Presses Universitaires de Nancy.

Lacoste M. (1983). Des situations de parole aux activités interprétatives. *Psychologie Française, 28*(3/4), 231-238

Lacoste, M. (1993). Langage et interaction : le cas de la consultation médicale. In J. Cosnier, M. Grosjean, & M. Lacoste (Eds.), *Soins et communication : approches interactionnistes des relations de soin* (pp 33-61). Lyon : Presses Universitaires de Lyon.

Lancry-Hoestlandt, A. & Touzard, H. (1985). Etude des communications de l'agent de maîtrise dans deux entreprises du nord de la France. *Revue des Conditions de Travail, 16*, 17-27.

Leleux, C. (2005) (Ed.). *La philosophie pour enfants. Le modèle de Matthew Lipman en discussion*. Bruxelles : De Boeck & Larcier.

Leplat, J. (1997). *Regards sur l'activité en situation de travail : contribution à la psychologie ergonomique*. Paris : Presses Universitaires de France.

Leplat, J., & Savoyant, A. (1983). Ordonnancement et coordination des actions dans les travaux individuels et collectifs. *Bulletin de psychologie, 23*(3/4), 271-278.

Levinson, S. (1983). *Pragmatics*. Cambridge : Cambridge University Press.

Lewin, K., Lippitt, R., & White, R.K. (1939). Patterns of aggressive behavior in experimentally created social climates. Journal of social psychology, 10, 271-301.

Linton, R. (1977). *Le fondement culturel de la personnalité*. Paris : Dunod.

Lipman, M. (1995). *A l'école de la pensée*. Bruxelles : DeBoeck Université.

Lipman, M., Sharp, A.-M., & Oscanyan, F.S. (1980). *Philosophy in the classroom*. Philadelphia PA : Temple University Press.

Luzzati, D. (1995). *Le dialogue verbal homme-machine : Etude de cas*. Paris : Masson.

Maingueneau, D. (2009). *Les termes clés de l'analyse du discours* (2e éd.). Paris : Editions du Seuil.

Maïs, Ch. (1989). L'adaptation de l'aide à l'utilisateur : aider les programmeurs occasionnels à réaliser leurs plans sous-optimaux. Thèse de Psychologie de l'Université de Provence Aix-Marseille I, Aix-Marseille.

Marcoccia, M. (2007). Communication électronique et rapport de places : analyse comparative de la formulation d'une requête administrative par courrier électronique et par courrier papier ». *SEMEN*, 20. URL : http://semen.revues.org/document1075.html.

Mayen, P. (1998). Le processus d'adaptation pragmatique dans la coordination d'une relation de service. In K. Kostulski, & A. Trognon (Eds.). *Communications interactives dans les groupes de travail* (pp. 205-233). Nancy : Presses Universitaires de Nancy.

Mayen, P., & Specogna, A. (2005). Conseiller : une activité et un jeu de langage professionnels. In L. Filliettaz, & J.P. Bronckart (Eds.). *L'analyse des actions et des discours en situation de travail. Concepts, méthodes et applications* (pp. 99-113). Louvain : Bibliothèque des Cahiers de l'Institut de Linguistique de Louvain.

Millett, S., & Tapper, A. (2012). Benefits of Collaborative Philosophical Inquiry in Schools. *Educational Philosophy and Theory 44* (5), 546-567.

Ministerial Council on Education, Employment,Training andYouth Affairs (MCEETYA), 2008. Melbourne Declaration on Education Goals for Young Australians (http://www.mceecdya.edu.au/verve/_resources/National_Declaration_on_the_E ducational_Goals_for_Young_Australians.pdf, accessed 21 August 2009.

Moeschler, J. (1989). *Modélisation du dialogue : représentation de l'inférence argumentative.* Paris : Hermès.

Mortier, F. (2005). Etudes d'évaluation: la méthode de Matthew Lipman comme moyen de développement. In Leleux, C. (Ed.), *La philosophie pour enfants. Le modèle de Matthew Lipman en discussion.* (pp. 47-69). Bruxelles : De Boeck Université.

Navarro, C., & Marchand, P. (1993). Analyse de l'échange verbal en situation de dialogue fonctionnel : étude de cas. *Le Travail Humain, 57*(4), 313-330.

Newell, A., & Simon, H.A. (1972). *Human problem solving.* New York : Prentice Hall.

Nicolle, A., & Saint-Dizier de Almeida, V. (1999). Vers un modèle des interactions langagières. In B. Moulin, S. Delisle et D. Chaïb Dra (Eds.), *Analyse et simulation de conversations* (pp. 133-169). Limonest : L'Interdisciplinaire.

Nicolle, A., Saint-Dizier de Almeida, V., Beust, P., Jacquet, D., & Brassac, C. (2003). Etudes des processus d'interaction en conception distribuée. *Revue Interaction Homme-Machine, 4/2,* 9-40.

Norman, D.A. (1983). Some observations on mental models. In D. Gentner et Stevens (Eds.), *Mental Models* (pp. 7-14). London : Lawrence Erlbaum Associates Publishers.

Oberlé D., & Drozda-Senkowska, E. (2006). Processus orientés vers la tâche vs processus orientés vers le groupe : une vieille distinction toujours fructueuse ? *Les cahiers internationaux de psychologie sociale, 70*(2), 63-72.

Ochanine, D. (1978). Le rôle des images opératives dans la régulation des activités de travail. *Psychologie et Education, 3,* 63-65.

Parker, P.A., Davison, B.J., Tishelman, C., & Brundage, M.D. (2005). What do we know about facilitating patient communication in the cancer care setting? *Psycho-Oncology, 14,* 848–858.

Pierrel, J.-M. (1987). *Dialogue oral homme-machine*. Paris : Hermès.

Pollack, M.E. (1990). Plans as complex mental attitudes. In P.R. Cohen, J. Morgan & M.E. Pollack (Eds.), Intentions in Communication (pp. 77-103). Cambridge : Massachusetts Institute of Technology Press.

Pouchain, D., Attali, L., de Bulter, J., Clément, G., Gay, B., Molina, J., Olombel, P., & Roug, J.L. (1996). *Médecine générale : concepts et pratiques à l'usage des étudiants*. Paris : Masson.

Rasmussen, J. (1983). Skills, rules, knowledge; signals, signs, and symbols, and other distinctions in human performance models. *IEEE Transactions on Systems, Man and Cybernetics, 13*, 257-266.

Raudaskoski, P. (1990). Repair works in human-computer interaction : a conversation analytic perspective. In P. Luff, N. Gilbert & D. Fröhlich (Eds.), *Computers and conversation* (pp. 151-172). London : Academic Press.

Reiter, R. (1980). A logic for default reasoning. *Artificial Intelligence, 13*, 81-132.

Reuchlin, M. (1990). *La psychologie différentielle*. Paris : Presses Universitaires de France.

Ribert-Van de Weerdt, C. (2003). Intérêts et difficultés de l'analyse des émotions en psycho-ergonomique. *Psychologie Française, 48*(2), 9-16.

Rogalski, J. (1998). Concepts et méthodes d'analyse des processus de coopération dans la gestion collective d'environnements dynamiques. In K. Kostulski & A. Trognon (Eds.), *Communications interactives dans les groupes de travail* (pp. 27-5). Nancy : Presses Universitaires de Nancy.

Rogard, V. (2008). Psychologue dans le travail en équipe : vers une éthique collective. In O. Bourguignon (Ed.), *Ethique et Pratique psychologique* (pp. 233-246). Liège : Mardaga,

Rogoff, B. (1990). *Apprenticeship in thinking. Cognitive development in social context*. New York : Oxford University Press.

Roulet E., Auchlin A., Moeschler J., Rubbattel C, Schelling M. (1985). *L'articulation du discours en français contemporain*. Berne : Peter Lang.

Rousseau, V. & Aubé, C. (2013) Collective Autonomy and Absenteeism Within Work Teams: A Team Motivation Approach. *The Journal of Psychology: Interdisciplinary and Applied, 147*(2), 153-175.

Ruszniewski, M. (2004). *Face à la maladie grave : Patients, familles, soignants*. Paris : Dunod.

Sabah, G. (1996). Le dialogue home-machine en langue naturelle : quelques questions. In J. Vivier (Ed.), *Psychologie du dialogue homme-machine en langage naturel* (pp. 93-106). Paris : Europia Productions.

Sacks, H., Schegloff, E., & Jefferson, G. (1974). A simplest systematics for the organization of turn-taking in conversation. *Language, 50*(4), 696-735.

Saint-Dizier, V. (1995). Analyse d'interactions verbales pour la modélisation d'un système d'assistance interactif : une démarche de conception ascendante. *Revue Internationale de Psychologie Sociale 2*, 59-82.

Saint-Dizier de Almeida, V. (1996). Un modèle théorico-empirique de la conception d'un système informatique d'assistance interactif. Thèse de l'Université Nancy 2. N° ISSN : 0294-1767, n° de code : 0443.24129/97 (400 pages).

Saint-Dizier de Almeida, V. (1997). Modélisation d'une assistance interactive pour améliorer l'accessibilité d'un logiciel. *Revue Sciences et Techniques Educatives, 4*(1), 13-39.

Saint-Dizier de Almeida, V. (2003). L'utilisabilité des technologies informatiques : apport de la psychologie sociale des interactions. In Bonardi C., Georget P., Roland-Lévy C. et Roussiau N. (Eds.), *Psychologie sociale appliquée : Economie, Médias, Nouvelles technologies* (pp. 91-104). Paris : In Press Editions.

Saint-Dizier de Almeida, V. (2009). La dimension relationnelle des communications : étude d'interactions homme-machine tutorielles a-didactiques. *@ctivités, 6, 2,* 75-99.

Saint-Dizier de Almeida, V. (2013a). Comment améliorer la compréhension de l'entretien d'annonce de diagnostics médicaux sérieux. *@ctivités, 10, 2,* 54-81.

Saint-Dizier de Almeida, V. (2013b). L'activité sous l'angle de la psychologie ergonomique : analyse d'une discussion à visée philosophique. *Cahiers du Laboratoire de Recherche sur le Langage.* Presses universitaires de Clermont-Ferrand, 75-94.

Saint-Dizier de Almeida, V. (sous presse) L'observation et l'autoconfrontation : leur utilisation à travers une étude de cas. *Le travail humain*

Saint-Dizier de Almeida, V. (à paraître en 2016). Groupe et équipe de travail. In M.-E. Bobillier-Chaumon, E. Brangier, M. Dubois, & G. Valléry (Eds.). *Psychologie du Travail et des Organisations : 100 notions clés.* France : Dunod.

Saint-Dizier de Almeida, V., & Agnoletti, M.-F. (2007). Le discours polyphonique comme ressource argumentative : exemple dans un jeu de dialogue patron-employé. *Actualités Psychologiques, 19*, 121-125.

Saint-Dizier de Almeida, V., & Agnoletti, M.-F. (2010). How to Pick Up a Stranger: Study of Interlocutory Processes in a Flirtatious Encounter, *Journal of Pragmatics, 42/6,* 1637-1646.

Saint-Dizier de Almeida, V., & Agnoletti, M .F. (2015a) Le processus d'évaluation de formation à partir d'une étude de cas. *Revue de psychologie du travail et des organisations, 21*, 23-40.

Saint-Dizier de Almeida, V., & Agnoletti, M .F. (2015b). Impact of online training on delivering a difficult medical diagnosis: Acquiring communicational skills. *Applied ergonomics*, 242-250.

Saint-Dizier de Almeida, V., Colletta, J.-M., Auriac-Slusarczyk, E., Specogna, A., Simon, J.-P., Fiema, & G. Luxembourger, C. (sous presse). Study activities that take place in speech interactions: A theoretical and methodological framework. *International Journal of Qualitative Studies in Education*

Saint-Dizier de Almeida, V., & Gallouïn J.-F. (1998). La prise en compte de lecteur dans la rédaction de document. *Colloque International sur le Document Electronique* (pp. 115-127). Rabat, 15-17 avril 1998.

Saint-Dizier de Almeida, V., Specogna, A., & Luxembourger, C. (à paraître en 2016). Etude de l'activité communicationnelle enseignante lors des discussions à visée philosophique, *Revue Recherches en Education, 24*.

Saint-Dizier de Almeida, V., & Trognon, A. (2000). Quelles techniques d'élicitation pour la conception des systèmes experts de deuxième génération. *Connexions, 74*, 121-136.

Samurçay, R., & Delsart, F. (1994). Collective activities in dynamic environment management. *Le travail humain, 57*(3), 251-270.

Savoie, A., & Brunet, L. (2012). L'équipe de travail et l'intervention psychologique systémique. In J.-L. Bernaud & C. Lemoine (Eds.), Traité de psychologie du travail et des organisations (pp. 175-204). France: Dunod.

Savoyant, A. (1974). Eléments pour un cadre d'analyse des situations de résolution de problème par des équipes de travail. *L'Année Psychologique, 74*(1), 219-237.

Scapin, D.L. &, Bastien, J.M.C. (1997). Ergonomic criteria for evaluating the ergonomic quality of interactive systems. *Behaviour & Information Technology, 6*(4-5), 220-231.

Schneiderman, B. (1997). Designing information-abundant Web sites: issues and recommendations. *International Journal of Human-Computer Studies, 47(1),* 5-30.

Schofield, P.E., Butow, P.N., Thompson, J.F., Tattersall, M.H.N., Beeney, L.J., & Dunn, S.M. (2003) Psychological responses of patients receiving a diagnosis of cancer. *Annals of Oncology, 14,* 48–56.

Schubauer-Léoni, M.L., Bell, N., Perret-Clermont, A.N., & Grossen, M. (1989). Problems in assessment of learning: the social construction of questions and answers in the scholastic context. *International Context of Education, 13*(6), 671-684.

Searle, J.R. (1976). The classification of illocutionary acts. *Language in Society, 5*, 1-24.

Searle, J.R., & Vanderveken D. (1985). *Foundations of illocutionary logic.* Cambridge : Cambridge University Press.

Siminoff, L.A., Graham, G.C., & Gordon, N.H. (2006). Cancer communication patterns and the influence of patient characteristics: disparities in information-giving and affective behaviors. *Patient Education and* Counseling, 62, 355–360.

Spérandio, J.C., & Letang-Figeac, C. (1986). Simulation expérimentale de dialogues oraux en communication homme-machine. Rapport GRECO-CNRS Communication parlée, Nancy.

Streeck, J. (2010). Ecologies of gesture. In J. Streeck (Ed.). *New adventures in language and interaction* (pp.223-242). Amsterdam : John Benjamins Publishing Company.

Streitz, N.A. (1987). Cognitive compatibility as central issue in human-computer interaction : theorical framework and empirical finding. In G. Salvendy (Ed.), *Cognitive engenering in the design of human computer interaction and expert system* (pp. 75-82). Amsterdam : Elsevier science publish.

Suchman, L.A. (1987). *Plans and situated actions. The problem of human/machine communication.* Cambridge : Cambridge University Press.

Sweller, J., Chandler, P., Tierney, P., & Cooper, M. (1990). Cognitive load as a factor in the structuring of technical material. *Journal of Experimental Psychology, 119*(2), 176-192.

Tate, P. (2005). *Soigner (aussi) sa communication : la relation médecin-patient.* Paris : De Boeck.

Theureau, J. & Jeffroy, F. (1994). *Ergonomie des situations informatisées.* Toulouse : Octarès.

Topping, K. J., & Trickey, S. (2007). Collaborative philosophical enquiry for school children: Cognitive effects at 10-12 years. *British Journal of Educational Psychology, 77*, 271-288.

Tozzi, M. (2007). *Apprendre à philosopher par la discussion. Pourquoi ? Comment ?* Bruxelles : De Boeck & Larcier.

Tricot, A. (1995). Un point sur l'ergonomie des interfaces hypermédia. *Le travail humain, 5*(1), 17-45.

Tricot, A. (2003). Interactions homme-machine, cognition et environnements d'apprentissage. In G. Boy (Ed.), *L'ingénierie cognitive : IHM et cognition* (pp. 411-447). Paris : Hermès Science.

Trognon, A., & Brassac, C. (1992). L'enchaînement conversationnel. *Cahiers de Linguistique Française, 13*, 76-107.

Trognon, A., & Ghiglione, R. (1993). *Où va la pragmatique ?* Grenoble : Presses Universitaires de Grenoble.

Trognon, A., & Larrue, J. (1994). *Pragmatique du discours politique*. Paris : Armand Colin.

Trognon, A., & Saint-Dizier, V. (1997). L'organisation conversationnelle des malentendus : le cas d'un dialogue tutoriel. In P. Falzon & L. Karsenty (Eds.). Dialogue et coopération, rapport d'étude du groupe GEDIC (pp.115-136), Paris.

Trognon, A., & Saint-Dizier, V. (1999). L'organisation conversationnelle d'un malentendu : le cas d'un dialogue tutoriel. *Journal of Pragmatics*, *31*, 787-815.

Trognon, A., Batt, M., & Laux, J. (2006). Logique interlocutoire du problème des quatre cartes posé à une dyade, *Psychologie de l'interaction*, 21-22, 143-188.

Trognon, A., Saint-Dizier de Almeida, V., & Grossen, M. (1999). Résolution conjointe d'un problème arithmétique ou comment décrire des cognitions distribuées dans la conversation ? In M. Gilly, J.P. Roux, A. Trognon (Eds.), *Apprendre dans l'interaction : analyse des médiations sémiotiques* (pp. 119-139). Nancy : Presses Universitaire de Nancy.

UNESCO, 2007a. La Philosophie dans le Monde Niveaux Préscolaire et Primaire. Etat des lieux, questions vives et recommandations. http://www.ovc.ulaval.ca/ms/forum/UNESCOTOZZI.pdf

UNESCO, 2007b. Philosophy. A school of freedom, Paris, UNESCO.

UNESCO, 2009a.Thinking for the Future: An action plan for the promotion of philosophy teaching in Asia and the Pacific.

UNESCO, 2009b. Teaching Philosophy in Asia and the Pacific.

Valléry, G. (2004). Relation de service et approche ergonomique : saisir le caractère dynamique et situé de l'activité au travers de l'analyse des interactions « agent-client ». *@tivités, 1* (2), 121-146.

Valléry, G. Boucheix J.M., Leduc S., & Cerf M. (2005). Analyser les situations de service : questions de méthodes. In M. Cerf, & P. Falzon (Eds). *Situations de service : travailler dans l'interaction* (pp. 21-40). France : Presses Universitaires de France.

Vanderveken, D. (1988). *Les actes de discours*. Bruxelles : Mardaga.

Vanderveken, D. (1990). *Meaning and Speechs Acts : Formal Semantics of Success and Satisfaction* (Vol.1 &2). Cambridge : Cambridge University Press.

Vidal-Gomel, C. (2007). Compétences pour gérer les risques professionnels : un exemple dans le domaine de la maintenance des systèmes électriques. *Le travail humain 70*(2), 153-194.

Vidal-Gomel, C., & Roglaski, J. (2009). Analyser l'activité des formateurs en conduit automobile : une étude exploratoire des aspects collectifs du travail. *Savoirs, 20*(2), 85-118.

Vinatier, I. (2012). *Réflexivité et développement professionnel ; une orientation pour la formation*. Toulouse, Octarès.

Vion, R. (1992). *La communication verbale*. Paris : Hachette Supérieur.

Virbel J. (1986). Langage et métalangage dans le texte du point de vue de l'édition en informatique textuelle, *Cahiers de grammaire, 10*, 1-72.

Visser, W., & Falzon, P. (1988). Recueil et analyse de l'expertise dans une activité de conception : questions de méthode. *Psychologie Française, No. Spécial "Psychologie de l'Expertise", 33*, 133-138.

Watzlawick, P., Beavin, J.H., & Jackson, D.D.A. (1972). *Une logique de la communication*. Paris: Le Seuil.

Weill-Fassina A., Rabardel P., & Dubois D. (1993) (Eds.). *Représentations pour l'action*. Toulouse : Octarès Éditions.

Whalen, M. R., Zimmerman, D.H., & Wahlen, J. (1992). Une conversation fatale. *Réseaux 10* (55), 145–178.

Wielenga, B.J., & Breuker, J.A. (1984). Interpretation of verbal data for knowledge acquisition. *European Conference of Artificial Intelligence (ECAI-84), 41-50*.

Wright, P., & Lickorish, A. (1990). An empirical comparison of two navigation systems for two hyper-texts. In R. Mc Aleese & C. Green (Eds.), *Hypertext : State of the Art*. (pp. 84-93). Oxford : Intellect Ltd.